孔子学院总部/国家汉办
Confucius Institute Headquarters (Hanban)

标准教程
STANDARD COURSE

HSK

主编： 姜丽萍
LEAD AUTHOR: Jiang Liping

编者： 刘丽萍、王芳
AUTHORS: Liu Liping, Wang Fang

2

教师用书 **Teacher's Book**

北京语言大学出版社
BEIJING LANGUAGE AND CULTURE
UNIVERSITY PRESS

致教师

为了配合《HSK 标准教程 2》的出版和发行，也为了方便广大教师对该教程的教学目标、教学重点、教学步骤和方法等内容有更全面的了解，我们特别精心编制了《HSK 标准教程 2　教师用书》。希望能够减轻教师的工作压力，为课堂教学提供参考。

全书共 15 课，我们按照《HSK 标准教程 2》课本及练习册的内容来设计每课的教学环节及授课方法，突出重点和难点，提供丰富的教学例句和课堂活动，便于教师把握课堂。具体使用说明如下：

一、教学内容和教学目标

从重点词语、语言点、语音要求、汉字要求、功能项目几个方面，展示本课中词汇、语法、语音、汉字的重点内容，一目了然，使教师能够做到心中有数。

二、教学步骤

（一）复习旧课（5 分钟）

复习环节是对前一课教学内容和教学效果的检查，根据反馈的信息，教师可以了解学生对上节课教学内容的掌握情况。因此在上新课前，我们设计了多样的练习形式。如：

1. 快速认读生词

教师可以根据课堂时间和学生的掌握情况，选择上节课所学的重点生词进行认读练习。在熟练认读的基础上，可以把字扩展成词，把词扩展成短语。

2. 形近字辨析

很多汉字的字形只存在细微的差别，通过形近字的辨析练习，可以帮助学生更好地掌握和记忆汉字。教师可以根据学生的学习情况，设计更多的汉字练习形式。

3. 快速回答问题

通过这个练习，教师可以对学生上节课所学内容的掌握情况进行检查。问题的设计应该结合课文内容和语言点，既要有层次性，又要有趣味性，同时要注意结合学生的实际情况。

（二）学习新课

1. 热身（5 分钟）

热身环节主要是围绕课本的热身部分设计的。不仅可以导入新课的生词，也可以导入新课的话题，活跃课堂气氛，增加学生学习的兴趣。教师也可以根据实际情况，补充其他形式的热身练习。

2. 生词（15 分钟）

此环节包括"生词快速认读及正音"和"重点生词扩展及常用搭配"两部分。其中快速认读部分可以采用教师领读、学生跟读、学生齐读、学生个别读等不同方式，目的是加深学生对生词的印象。

重点生词的扩展要尽量使用丰富的词汇，但要注意避免出现学生不认识的词语，同时要围绕课文内容并尽量充分地体现语言点。

3. 语言点（15分钟）

语言点环节包括解析、导入、操练、扩展练习几个部分。其中大部分的语言点都使用了构架形式，简洁明了。同时对一些需要提醒学生的要点还进行了归纳，以"注意"的形式呈现，突出了提示的作用。

4. 课文（25分钟）

课文的学习和操练是课堂教学环节中非常重要的部分。多种多样的学习和练习方式不仅可以提高学生的学习效率，还可以增强趣味性。本书提供了多种课文练习形式，供教师参考。

5. 语音（10分钟）

这一部分包括知识点解析和语音操练。每课中的解析都力求讲解清楚和准确，并给出更多的例词帮助学生多加练习。语音操练则提供了练习的方法指导。

6. 汉字（10分钟）

这一部分包括知识点解析和汉字练习。针对每课中出现的汉字知识，比如独体字、偏旁等，我们都给出了详细的说明和解释，并设计了各种汉字练习形式。

7. 课堂活动（10分钟）

汉语教学的重要目的是培养学生运用汉语进行交际的能力。让学生积极参与课堂活动，可以使学生体验到真实的交际情景，为课下进行真实的交际提供可能。教师用书中，我们为每课另增设了一个补充活动，将本课中的生词、语言点、课文内容融入到活动中，让学生在参与、合作、交际中巩固所学知识，提高自己的交际能力。

8. 本课小结（5分钟）

总结每课中出现的主要语言点、语音知识和汉字知识。

另外，在每课最后的"附注"中我们提示了该课的建议教学用具，教师可以根据教学需要安排合适的教学用具，如图片、卡片、视频短片等。

每五课还对课本中提供的文化知识进行了解析，目的是加强学生对中国文化的了解，引起学生的学习兴趣，促进语言学习。建议教师结合文化知识的内容，通过大量的图片和影视作品，引入一些对中国文化的探讨和交流活动。

以上是对《HSK标准教程2　教师用书》使用方法的一些说明和建议，仅供参考。大体上每课的教学时间为2–3学时（即100–150分钟）为宜，在实际教学活动中教师可以随时调整、灵活使用，如果需要在课堂上处理练习，教学时间可相应延长。

编　者

目　录

1 九月去北京旅游最好

一、教学内容和教学目标

重点词语	学生能够熟练掌握"觉得、最、也、运动、新"的词义和用法
语言点	学生能够了解并掌握： （1）助动词"要"：表示愿望 （2）程度副词"最" （3）概数的表达"几""多"
语音	学生能够掌握双音节词语的重音规律，并能正确朗读
汉字	学生能够： （1）熟练认读本课生词 （2）掌握"㇏、㇕"两种笔画的正确写法 （3）独立书写独体字"为、也" （4）了解"王（王字旁）、𧾷（足字旁）"所表示的意思
功能	学生能够： （1）表达想要做某件事的愿望（要……） （2）表达不确定的数目（几、多） （3）询问事情的原因（为什么……）

二、教学步骤

一 复习旧课

（本课无）

二 学习新课

1 热身

热身1：教师先带领学生根据图片选出正确的词语，然后分组练习。一组学生看图片说出正确的词语；一组学生看词语，说出图片的编号。

答案：①D ②E ③C ④B ⑤F ⑥A

热身2：让学生根据图片讨论一下什么时间来北京旅游最好，并且和自己的国家对比一下。

2 生词

（1）生词快速认读及正音

旅游、觉得、最、为什么、也、运动、
踢足球、一起、要、新、它、眼睛

1

- 教师用 PPT 依次快速展示生词；
- 教师领读，学生齐读；
- 学生接龙式读一遍，每人读两个。

> 注意：生词认读过程中教师始终要注意纠正学生的错误发音，学生齐读时要注意纠正学生共性的发音错误，个别认读时要注意纠正学生的个别发音错误。 　　　　　　（后课同）

（2）重点生词扩展及常用搭配

觉得—觉得冷—觉得不太热—觉得很好

　　—我觉得今天很冷。

　　—你觉得今天天气怎么样？

　　—你觉得什么时候去北京旅游最好？

最—最好—最漂亮—最喜欢—最想说

　　—他是我最好的朋友。

　　—我最喜欢这件衣服。

　　—九月去北京旅游最好。

也—也要买—也想说—也有时间

　　—我也要买水果。

　　—明天下午我也有时间去踢足球。

　　—九月的北京天气不冷也不热。

运动—去运动—喜欢运动—一起运动—不运动

　　—我每天都去运动。

　　—明天你和我们一起去运动吧。

　　—你喜欢什么运动？

新—很新—不太新—新衣服—新电脑

　　—这件衣服很新。

　　—昨天我看了一个新电影。

　　—我们要不要买几个新椅子？

练习册相关练习：第1页/一/第一部分，第4-5页/二/第一、二部分

③ 语言点

（1）助动词"要"

① 语言点解析：

用在动词前，表示有做某件事情的意愿。表示否定时不用"不要"，而用"不想"。

　主语＋要＋……

　主语＋不想＋……

② 语言点导入：

　　教师可以借助图片，用提问的方式导入，比如教师出示一张买东西的图片、一张商店的图片。

　　教师：大卫要做什么？

　　学生：<u>买东西</u>。

　　教师：他要去哪儿买东西？

　　学生：<u>他要去商店买东西</u>。

③ 语言点操练：

教师提出问题，学生根据给出的图片回答问题。

　　教师：妈妈要买什么？（图片：苹果）

　　学生：……

　　教师：大卫要去哪儿？（图片：医院）

　　学生：……

　　教师：你要不要买新的汉语书？（图片：汉语书）

　　学生：……

（2）程度副词"最"

① 语言点解析：

　　"最"是表示程度的副词，意思是"超过同类事物"，常用于比较。可以用在形容词、助动词、表示心理状态的动词前面，也可以用在"使、叫、让"等动词前面。

> 主语＋最＋形容词/助动词/心理动词＋……

② 语言点导入：

教师可以根据班里的实际情况提问，学生回答。

　　教师：我们班谁最高？

　　学生：……

　　教师：我们班谁的汉语最好？

　　学生：……

　　教师：大卫的衣服300块，小王的衣服500块，我的衣服450块。谁的衣服最贵？

　　学生：……

③ 语言点操练：

　　教师把学生分成两组，一组学生用"最"提问，另一组学生回答，然后两组互换问答进行练习。例如：

你最喜欢吃的水果是什么？

你最想去的地方是哪儿？

你最想买的东西是什么？

……

④ 语言点扩展练习：
教师带领学生做课本第 8 页的双人活动。

（3）概数的表达 "几" "多"

① 语言点解析：
"几"有时并不表示疑问，而是表示"十"以内的概数，后边要有量词。

> 几 + 量词 + 名词

　　"几"还可以在数列中表示"十"以上的概数，如"十几本书""几十个人"。
"十几"表示大于 10、小于 20 的数字；"几十"表示大于 20、小于 100 的数字。
　　"多"表示略多于前面所表示的数目。
　　数词是 10 以下的数字时，"多"用在量词之后，如"三个多月"；数词是 10 以上的整数时，"多"用在量词前（这时"多"和"几"是通用的），如"二十多个人"。

> 数字（＜10）+ 量词 + 多 + 名词

> 十几 / 多 + 量词 + 名词

> 几十 + 量词 + 名词

② 语言点导入：
教师可以根据班里的实际情况，用提问的方式导入语言点。

教师：我们班有多少个学生？

学生：＿＿＿＿＿＿＿＿＿＿＿。（几 / 多）

教师：你哥哥多大了？

学生：＿＿＿＿＿＿＿＿＿＿＿。（几 / 多）

教师：你的衣服真漂亮！多少钱买的？

学生：＿＿＿＿＿＿＿＿＿＿＿。（几 / 多）

③ 语言点操练：
　　把学生分成两组，一组学生用"几"说句子，另一组学生把句子中的"几"换成"多"，然后两组互相交换进行练习。

例如：A 组：我每天写十几个汉字。　｜　B 组：我每天写十多个汉字。

　　　　A 组：我来北京几个月了。　｜　B 组：我来北京三个多月了。

　　　　……

④ 语言点扩展练习：
教师给出一些带量词的数字，让学生用"几""多"表述出来。

例如：24 天　　3.3 斤　　120 人　　3500 块

4 课文

课文 1

（1）让学生听两遍录音并回答下列问题：

男的想去哪儿旅游？

女的觉得什么时候去北京旅游最好？

为什么九月去北京旅游最好？

（2）教师领读课文两遍，然后让学生分角色朗读课文。

（3）教师用PPT展示课文提示词，请学生再次通读一遍课文后，根据提示词复述课文。

  A：我要……，你觉得……最好？

  B：九月去北京……。

  A：……？

  B：九月的北京……。

课文2

（1）让学生听两遍录音并回答下列问题：

  B最喜欢什么运动？

  他们什么时候去踢足球？

  B下午想去踢足球吗？

（2）教师带领学生齐读课文两遍，然后让学生分角色朗读课文。

（3）学生分成两组复述课文。一组提问，另一组回答，然后两组互换问答进行练习。

（4）让学生以B的口气将本段课文改为叙述体。

  我最喜欢……，下午我要和A……。

课文3

（1）让学生听两遍录音并回答下列问题：

  他们要买什么？

  他们什么时候去买新椅子？

（2）教师带领学生齐读课文两遍，然后请学生分角色朗读课文。

（3）教师用PPT展示课文提示词，请学生根据提示词复述课文。

  A：我们要不要……？

  B：好啊。……去买？

  A：明天下午……？你明天几点……？

  B：三点多。

课文4

（1）让学生听两遍录音并回答下列问题：

  猫叫什么名字？

  它在哪儿？

  它漂亮吗？

  它多大了？

（2）教师带领学生齐读课文两遍，然后请学生分角色朗读课文。

（3）教师用 PPT 展示课文提示词，请学生再次通读一遍课文后，根据提示词复述课文。

> A：……有个猫。
>
> B：那是……，它叫花花。
>
> A：它很……。
>
> B：是啊，我觉得……。
>
> A：它多大了？
>
> B：……。

（4）请学生根据提示词用叙述体复述本段课文的主要内容。

> 我的猫叫……，它的眼睛很……，它……了，它现在在……。

5 语音

双音节词语的重音：

① 知识点解析

中重格式：重读第二个音节，音长较长。

上课　运动　足球　旅游

重轻格式：重读第一个音节，第二个音节为轻声。

休息　时候　晚上　我们

② 语音练习

教师可利用课本第 6 页的例词进行语音练习。可先领读第一行的词语，使学生掌握重音的规律和方法，第二行让学生个别读，教师纠正错误。

练习册相关练习：第 8 页／三

6 汉字

① 知识点解析：

独体字

为：繁体字形像一只手牵着象，让它为人们干活的样子，本义是指"做"。

也：字形像头尖、身长的蛇，后来随着字形的演变，本义就丢失了，现在虚化为副词。

偏旁

王：王字旁，由它构成的汉字多和玉有关系。

⻊：足字旁，由它构成的汉字一般与脚有关系。

② 汉字练习：

- 教师板书或者用手指在空中书写本课独体字"为、也"，带领学生一起识记独体字的笔画、笔顺。
- 教师板书本课偏旁"王、⻊"，提示学生注意这两个偏旁的笔画和笔顺，并书写各自的代表汉字，帮助学生识记该偏旁的意义。
- 教师板书本课笔画"㇀、㇉"，给学生展示这两个笔画的运笔方向，并书写各自的代表汉字，帮助学生识记笔画。

- 补充练习
    - a. 找出下列含有王字旁和足字旁的汉字
        现　呈　跑　始
        国　球　故　踢
    - b. 拆分下列汉字
        动：_____ _____　　　它：_____ _____
        运：_____ _____　　　眼：_____ _____
    - c. 用下列偏旁和部件组合成新汉字
        青　王　云　日　力　目　足　易　求　取
        _____ _____ _____ _____

    练习册相关练习：第9页／四

7 **补充课堂活动——我家的小"朋友"**

把学生分成3-4组，请学生根据提示问题，聊聊自己最喜欢的小动物。

> 参考问题：
>
> 　你家有小动物吗？
>
> 　你家有几个小动物？
>
> 　它（们）叫什么名字？
>
> 　它（们）多大了？
>
> 　你为什么喜欢它（们）？

8 **本课小结**

- 语言点：助动词"要"：表示愿望
    　　　　程度副词"最"
    　　　　概数的表达"几""多"
- 语　音：双音节词语的重音
- 汉　字：独体字"为、也"
    　　　　偏旁"王、⻊"

附注：建议教学用具

1. 生词卡片：第1课生词卡片

2. 独体字卡片：第 1 课独体字卡片

正面

背面

3. 图片：买东西、商店、苹果、医院、汉语书

2 我每天六点起床

一、教学内容和教学目标

重点词语	学生能够熟练掌握"跑步、身体、高、休息、忙、时间"的词义和用法
语言点	学生能够了解并掌握： （1）用"是不是"的问句 （2）代词"每" （3）疑问代词"多"
语音	学生能够掌握三音节词语的重音规律，并能正确朗读
汉字	学生能够： （1）熟练认读本课生词 （2）掌握"乛、乛"两种笔画的正确写法 （3）独立书写独体字"生、高" （4）了解"⺮（竹字头）、欠（欠字旁）"所表示的意思
功能	学生能够： （1）进一步证实对某个事实或者情况的肯定（是不是……） （2）对程度或者数量进行提问（多……）

二、教学步骤

一 复习旧课

1 教师出示第5课生词卡片，要求学生快速认读下列生词：

旅游、要、新、运动、踢足球、觉得、最、眼睛

2 教师带领学生辨析下列字形相近的汉字：

昨_____ 眼_____ 情_____ 妈_____

明_____ 晴_____ 请_____ 吗_____

3 教师根据第1课重点内容，要求学生用括号中的词语回答下列问题：

我们要买几本书？（要）

大卫的汉语怎么样？（最）

今天的天气冷吗？（不……不……）

这件衣服多少钱？（多）

二 学习新课

1 热身

　　热身1：教师先带领学生根据图片选出正确的词语，然后分组练习。一组学生看图片说出正确的词语；一组学生看词语，说出图片的编号。

　　答案：①A　②D　③B　④E　⑤F　⑥C

　　热身2：让学生根据图片提示，说说马丁什么时间做什么事情。然后请学生谈谈自己早上、下午和晚上都做什么事情。

2 生词

（1）生词快速认读及正音

　　生病、每、早上、跑步、起床、药、身体、出院、
　　出、高、米、知道、休息、忙、时间

- 教师可以用 PPT 依次快速展示生词；
- 教师领读，学生齐读；
- 学生接龙式读一遍，每人读两个。

（2）重点生词扩展及常用搭配

　　跑步—每天跑步—去跑步—一起跑步

　　　　—我每天跑步。

　　　　—我想和朋友一起去跑步。

　　　　—我每天早上都要出去跑步。

　　身体—身体好—身体不太好—身体怎么样

　　　　—我的身体很好。

　　　　—这几天，我的身体不太好。

　　　　—你现在身体怎么样？

　　高—很高—不高—多高—这么高

　　　—爸爸很高。

　　　—你的儿子这么高！

　　　—大卫多高？

　　休息—想休息—不休息—休息一下

　　　　—我累了，想休息。

　　　　—同学们休息一下吧。

　　　　—张老师星期六也不休息啊？

　　忙—很忙—不太忙—太忙了—忙不忙

　　　—这几天我不太忙。

　　　—你的工作忙不忙？

　　　—他这几天很忙。

时间—有时间—没有时间

　　—星期六你有时间吗?

　　—他这几天很忙,没有时间休息。

练习册相关练习:第11页/一/第一部分,第14-15页/二/第一、二部分

3 **语言点**

(1)用"是不是"的问句

① 语言点解析:

　　　　如果提问的人对某个事实或者情况有比较肯定的估计,为了进一步得到证实,常用"是不是"这种疑问句提问。"是不是"一般用在谓语前面,也可以用在句首或者句尾。

> 主语 + 是不是 +……?

> 是不是 + 主语 +……?

> 主语 +……, 是不是?

② 语言点导入:

教师可以借助图片,用提问的方式导入,比如出示一张锻炼身体的图片。

教师:你们是不是都喜欢运动?

　　　是不是你们都喜欢运动?

　　　你们都喜欢运动,是不是?

(学生用肯定式和否定式回答。)

③ 语言点操练:

教师说出问句,学生将"是不是"问句变成三种不同形式。

教师:明天爸爸休息吗?

问句一:_____?

问句二:_____?

问句三:_____?

④ 语言点扩展练习:

把学生分成 A、B 两组,一组提问,另一组回答。

A:星期天是不是不上课?

B:……

> 注意:用"是不是"提问时,句尾不能使用疑问代词"吗"。

(2)代词"每"

① 语言点解析:

指全体中有关系的每一个个体。

> 每(+量词)+名词

② 语言点导入：

教师可以根据实际情况提问，要求学生用"每"回答问题。

教师：你每天几点到几点学习汉语？

学生：……

教师：你每天几点睡觉？

学生：……

③ 语言点操练：

请学生说一说，学过的生词中，哪些可以用"每"。

例如：本、分钟、个、家、块、年、月

④ 语言点扩展练习：

请每位学生用"每"加上边给出的量词说一个句子。

（3）疑问代词"多"

① 语言点解析：

用在形容词前面，询问程度、数量。

> 多 + 形容词（单音节形容词居多）？

② 语言点导入：

教师可以借助图片，用提问的方式导入，比如教师出示一张人物图片，同时标示出他的年龄、身高等信息。

教师：大卫今年多大？

学生：……

教师：大卫多高？

学生：……

③ 语言点操练：

把学生分成两组，一组学生用"多"提问，另一组学生回答，然后两组互换问答进行练习。

例如：你多高？

你多大？

……

4 课文

课文 1

（1）让学生听两遍录音并回答下列问题：

男的的身体怎么样？

男的每天早上做什么运动？

男的每天几点起床？

（2）教师领读课文两遍，然后让学生分角色朗读课文。

（3）教师用 PPT 展示课文提示词，请学生再次通读一遍课文后，根据提示词复述课文。

  A：你很少……，是不是……？

  B：是啊，我每天早上……。

  A：你每天……？

  B：……起床。

课文 2

（1）让学生听两遍录音并回答下列问题：

  B 现在身体怎么样？

  B 吃药了没有？

  B 什么时候能出院？

  B 现在在哪儿？

（2）教师带领学生齐读课文两遍，然后请学生分角色朗读课文。

（3）学生分成两组复述课文。一组提问，另一组回答，然后两组互换问答进行练习。

（4）让学生以 B 的口气将本段课文改为叙述体。

  吃了药，我的身体……，医生说……。

课文 3

（1）让学生听两遍录音并回答下列问题：

  大卫今年多大？

  大卫多高？

  男的为什么知道这么多？

（2）教师带领学生齐读课文两遍，然后请学生分角色朗读课文。

（3）学生分成两组复述课文。一组提问，另一组回答，然后两组互换问答进行练习。

（4）让学生以 B 的口气介绍一下儿大卫的情况。

课文 4

（1）让学生听两遍录音并回答下列问题：

  张老师星期六休息了吗？为什么？

  张老师累吗？

（2）教师带领学生齐读课文两遍，然后请学生分角色朗读课文。

（3）教师用 PPT 展示课文提示词，请学生再次通读一遍课文后，根据提示词复述课文。

  A：张老师……啊？

  B：是啊，他……，没有时间……。

A：那会……吧?

B：他每天……。

（4）请学生根据提示词用叙述体复述本段课文的主要内容。

张老师星期六……，他这几天……，没有……，他每天回来……。

5 语音

三音节词语的重音：

① 知识点解析

中轻重格式：第一个音节为中音，音长次长；第二个音节为轻音，音长最短，第三个音节为重音，音长最长。

电影院　汉语班　人民币　录音机

中重轻格式：第一个音节为中音，音长次长；第二个音节为重音，音长最长；第三个音节为轻音，音长最短。

买东西　红衣服　小家伙　不客气

重轻轻格式：第一个音节为重音，音长最长；第二个和第三个音节为轻音，音长最短。

冷着呢　了不得　什么的　飞起来

② 语音练习

教师可利用课本第 13-14 页的例词进行语音练习。可先领读词语，使学生掌握三种重音格式的规律和方法，然后让学生个别读，教师纠正错误。

练习册相关练习：第 18 页 / 三

6 汉字

① 知识点解析：

独体字

生：字形像地面长出嫩苗，本义是"生长""长出"。

高：字形像一座高高的楼阁，表示"高"的意思。

偏旁

⺮：竹字头，由它构成的汉字一般与竹子有关系。

欠：欠字旁，由它构成的汉字一般与嘴的活动有关系。

② 汉字练习：

- 教师板书或者用手指在空中书写本课独体字"生、高"，带领学生一起识记独体字的笔画、笔顺。
- 教师板书本课偏旁"⺮、欠"，提示学生注意这两个偏旁的笔画和笔顺，并书写各自的代表汉字，帮助学生识记该偏旁的意义。
- 教师板书本课笔画"乛、乚"，给学生展示这两个笔画的运笔方向，并书写各自的代表汉字，帮助学生识记笔画。

- 补充练习
  a. 找出下列含有竹字头和欠字旁的汉字
     竿　吹　放　笑
     饮　旅　第　歌
  b. 拆分下列汉字
     跑：_____　_____　　　　体：_____　_____
     息：_____　_____　　　　间：_____　_____
  c. 用下列偏旁和部件组合成新汉字
     疒　己　心　本　走　丙　自　亻
     _____　_____　_____　_____

练习册相关练习：第 19 页 / 四

7 补充课堂活动——问答接龙

全班学生按座位顺序一个接一个进行问答练习，要求用上本课所学句式或词语，后面的学生不能重复前面同学问过的问题。

> 参考问题：
>   ……多大？
>   ……多高？
>   ……怎么……？
>   ……怎么样？
>   什么时候……？
>   ……几点……？
>   是不是……？

8 本课小结

- 语言点：用"是不是"的问句
  　　　　代词"每"
  　　　　疑问代词"多"
- 语　音：三音节词语的重音
- 汉　字：独体字"生、高"
  　　　　偏旁"⺮、欠"

附注：建议教学用具

1. 生词卡片：第 1、2 课生词卡片

2. 独体字卡片：第 2 课独体字卡片

3. 图片：锻炼身体、人物（标注年龄、身高）

3 左边那个红色的是我的

一、教学内容和教学目标

重点词语	学生能够熟练掌握"千、送、旁边、颜色、左边"的词义和用法
语言点	学生能够了解并掌握： （1）"的"字短语 （2）一下 （3）语气副词"真"
语音	学生能够掌握四音节词语的重音规律，并能正确朗读
汉字	学生能够： （1）熟练认读本课生词 （2）掌握"乀、亅"两种笔画的正确写法 （3）独立书写独体字"手、丈、夫" （4）了解"木（木字旁）、刂（立刀旁）"所表示的意思
功能	学生能够： （1）用"的"字短语表达限制、指别 （2）表达短暂的行为、动作（动词＋一下） （3）表达感叹的语气（真……）

二、教学步骤

复习旧课

1 教师出示第 5 课生词卡片，要求学生快速认读下列生词：

生病、跑步、起床、身体、出院、知道、休息、忙、时间

2 教师带领学生辨析下列字形相近的汉字：

时＿＿＿＿＿　跑＿＿＿＿＿　休＿＿＿＿＿　　间＿＿＿＿＿

对＿＿＿＿＿　踢＿＿＿＿＿　体＿＿＿＿＿　　问＿＿＿＿＿

3 教师根据第 2 课重点内容，要求学生快速回答下列问题：

你今年多大？

你多高？

你每天几点起床？

你是不是很喜欢运动？

你什么时候上课？

二 学习新课

1 热身

热身1：教师先带领学生根据图片选出正确的词语，然后分组练习。一组学生看图片说出正确的词语；一组学生看词语，说出图片的编号。

答案：①B ②A ③C ④E ⑤F ⑥D

热身2：让学生根据地图提示，说说"图书馆、食堂、教学楼、体育馆……"分别在什么位置。例如：

教学楼的后边是图书馆。

图书馆在教学楼的后边。

2 生词

（1）生词快速认读及正音

手表、千、报纸、送、一下、牛奶、房间、

丈夫、旁边、真、粉色、颜色、左边、红色

• 教师可以用PPT依次快速展示生词；

• 教师领读，学生齐读；

• 学生接龙式读一遍，每人读两个。

（2）重点生词扩展及常用搭配

千—两千—三千多—三千多块—几千

—这件衣服两千。

—这块手表几千块？

—我的手表三千多块呢。

送—送牛奶—送报纸—送我新书

—这本书送我吧？

—你知道什么时候送报纸吗？

—是不是送报纸的来了？

旁边—在旁边—商店旁边—旁边的那个人

—医院在那个小商店旁边。

—旁边的那个人是我大学时候的同学。

—旁边那个小的房间是我女儿的。

颜色—粉（颜）色—红（颜）色—漂亮的颜色—什么颜色

—我的房间是粉（颜）色的。

—你喜欢什么颜色？

—粉色是我女儿最喜欢的颜色。

左边—在左边—在我的左边—左边的房间—学校的左边

　　　—女儿的房间在左边。

　　　—左边的那本新书是谁的？

　　　—左边那个红色的是我的。

练习册相关练习：第21页／一／第一部分，第24-25页／二／第一、二部分

3 语言点

（1）"的"字短语

① 语言点解析：

　　　名词、形容词、动词等后加"的"可以组成"的"字短语。"的"字短语的功能相当于一个名词，在句中可以做主语、宾语。

② 语言点导入：

　　　教师可以借助实物，用提问的方式导入，比如用班上学生的书、手表、笔等做演示。

教师：这本书是你的吗？

学生：不是我的。是他的。

教师：这块手表是新的吗？

学生：不是新的。

教师：你要红色的还是蓝色的？

学生：我要红色的。

（学生用肯定式和否定式回答。）

③ 语言点操练：

教师提出问题，学生根据实际情况回答问题。

教师：这本书是老师的吗？

学生：……

教师：这个新手机是你的吗？

学生：……

教师：你喜欢什么颜色的（衣服）？

学生：……

④ 语言点扩展练习：

教师带领学生做课本第23页的双人活动。

（2）一下

① 语言点解析：

"一下"用在动词后面，表示一次短暂的动作。

　　動词 ＋ 一下

② 语言点导入：

教师给出情境提示，学生根据教师的情境提示，用所学的语法回答问题。

教师：下课了，我们可以……？

学生：<u>休息一下</u>。

教师：大卫买了一本新书，我们想……？

学生：<u>看一下</u>。

③ 语言点操练：

教师带领学生大声朗读下列短语：

看一下、说一下、读一下、写一下、来一下、问一下、

学习一下、休息一下、运动一下

④ 语言点扩展练习：

把学生分成两组，一组学生说动词，另一组学生用"动词＋一下"的形式说出来，然后两组互换。在练习过程中，教师要注意纠正学生用的不恰当的动词。

例如：A：看　　B：看一下

A：学习　B：学习一下

……

（3）语气副词"真"

① 语言点解析：

"真"表示感叹和肯定的语气，意思是的确、实在。

真＋形容词

② 语言点导入：

教师可以根据真实情境提问，学生用"真＋形容词"来回答问题。

教师：今天天气怎么样？

学生：_____。（好）

教师：安娜的衣服漂亮不漂亮？

学生：_____。（漂亮）

教师：房间里冷吗？

学生：_____。（冷）

③ 语言点操练：

教师带领学生大声朗读下列短语：

真好、真大、真小、真多、真少、真热、真冷、真忙、

真高兴、真漂亮、真对不起

④ 语言点扩展练习：

请学生依次用"真＋形容词"造句子，后面的学生不能与前面的同学重复。

4 课文

课文1

（1）让学生听两遍录音并回答下列问题：

这块手表是男的的吗？

手表是谁的?

这块手表是多少钱买的?

（2）教师领读课文两遍，然后让学生分角色朗读课文。

（3）教师用 PPT 展示课文提示词，请学生再次通读一遍课文后，根据提示词复述课文。

A：这块手表……吗？

B：不是……。是……的。

A：……？

B：三千多块。

课文 2

（1）让学生听两遍录音并回答下列问题：

这是哪天的报纸？

送报纸的来了吗？

谁来了？

（2）教师带领学生齐读课文两遍，然后请学生分角色朗读课文。

（3）教师用 PPT 展示课文提示词，请学生再次通读一遍课文后，根据提示词复述课文。

A：这是……吗？

B：不是，是……的。

A：你听，是不是……？

B：我看一下。不是，是……的。

课文 3

（1）让学生听两遍录音并回答下列问题：

她们在哪儿说话呢？

大的房间是谁的？

小的房间是谁的？

谁的房间是粉色的？

B 的女儿最喜欢的颜色是什么？

（2）教师带领学生齐读课文两遍，然后请学生分角色朗读课文。

（3）让学生以女儿的口气介绍一下她们的家。

这是……的房间，旁边那个小的房间……，我的房间是……，它很……。……是我最喜欢的颜色。

课文 4

（1）让学生听两遍录音并回答下列问题：

男的知道哪个杯子是女的的吗？

男的这里有几个杯子？

哪个杯子是女的的？

（2）教师带领学生齐读课文两遍，然后请学生分角色朗读课文。

（3）教师用 PPT 展示课文提示词，请学生再次通读一遍课文后，根据提示词复述课文。

A：你看见……了吗？

B：这里……，哪个……的？

A：……是我的。

B：给你。

（4）请学生分角色表演此段课文，可以选不同的实物进行练习。如：书、手机、笔、衣服等。

5 语音

四音节词语的重音：

① 知识点解析

不含轻声音节的四音节词语：重音一般在第四个音节。

窗明几净　鸡毛蒜皮　朝三暮四

含轻声音节的四音节词语：第二个音节为轻声音节，第四个音节为重音。

黑不溜秋　稀里哗啦　慢慢腾腾　热热乎乎

② 语音练习

教师可利用课本第 21-22 页的例词进行语音练习。教师可先领读词语，使学生掌握四音节词语的重音特点，然后让学生个别读，教师纠正错误。

练习册相关练习：第 28 页 / 三

6 汉字

① 知识点解析：

独体字

手：字形像一只手，本义就是"手"。

丈：字形像手持拐杖的老者，现在是长度单位。

夫：本义是成年男子。

偏旁

木：木字旁，由它构成的汉字一般与植物有关系。

刂：立刀旁，由它构成的汉字一般与刀有关系。

② 汉字练习：

- 教师板书或者用手指在空中书写本课独体字"手、丈、夫"，带领学生一起识记独体字的笔画、笔顺。

- 教师板书本课偏旁"木、刂"，提示学生注意这两个偏旁的笔画和笔顺，并书写各自的代表汉字，帮助学生识记该偏旁的意义。

- 教师板书本课笔画"乀、丿",给学生展示这两个笔画的运笔方向,并书写各自的代表汉字,帮助学生识记笔画。
- 补充练习
  a. 找出下列含有木字旁和立刀旁的汉字

     刚　　极　　刘　　杉

     林　　到　　树　　别

  b. 拆分下列汉字

     纸:_____　_____　　　　边:_____　_____

     奶:_____　_____　　　　房:_____　_____

  c. 用下列偏旁和部件组合成新汉字

     女　　纟　　乃　　方　　关　　辶　　氏　　户

     _____　　_____　　_____

  练习册相关练习:第 29 页 / 四

7 补充课堂活动——哪个是你的?

请学生每人把自己的一支笔放在教室前边的桌子上。找一个学生到桌子前边,根据每个同学对自己物品的叙述,准确地找出来,并归还。

> 参考信息:
>
> 　　颜色
>
> 　　新的还是旧的?
>
> 　　大的还是小的?
>
> 　　左边的还是右边的?

8 本课小结

- 语言点:"的"字短语

  　　　　一下

  　　　　语气副词"真"
- 语　音:四音节词语的重音
- 汉　字:独体字"手、丈、夫"

  　　　　偏旁"木、刂"

附注:建议教学用具

1. 生词卡片:第 2、3 课生词卡片

2. 独体字卡片:第 3 课独体字卡片

4 这个工作是他帮我介绍的

一、教学内容和教学目标

重点词语	学生能够熟练掌握"给、接、问、非常、开始、帮"的词义和用法
语言点	学生能够了解并掌握： （1）"是……的"句：强调施事 （2）表示时间"……的时候" （3）时间副词"已经"
语音	学生能够了解句子的语法重音，掌握谓语重读和补语重读的特点和规律，并能正确朗读
汉字	学生能够： （1）熟练认读本课生词 （2）掌握"丶、乛"两种笔画的正确写法 （3）独立书写独体字"两、乐、长" （4）了解"纟（绞丝旁）、忄（竖心旁）"所表示的意思
功能	学生能够： （1）强调动作的发出者（是……的） （2）表述事情发生的时间（……的时候） （3）表述完成的动作或行为（已经）

二、教学步骤

一 复习旧课

1 教师出示第5课生词卡片，要求学生快速认读下列生词：

手表、报纸、牛奶、送、房间、旁边、颜色、左边、红色

2 教师带领学生辨析下列字形相近的汉字：

纸_____ 手_____ 左_____ 边_____
旅_____ 牛_____ 右_____ 这_____

3 教师根据第3课重点内容，要求学生快速回答下列问题：

这块手表是你的吗？

这本书是新的吗？

你的衣服是红色的吗？

左边那本书是谁的？

这有几个杯子，哪个是你的？

学习新课

1 热身

热身1：教师先带领学生根据图片选出正确的词语。然后分组练习：一组学生看图片说出正确的词语；一组学生看词语，说出图片的编号。

答案：①C　②F　③E　④D　⑤A　⑥B

热身2：让学生根据图片的内容选择合适的动词填在空白处。两人一组，完成后互相检查。

参考答案：帮助、看、介绍、接／打

2 生词

（1）生词快速认读及正音

生日、快乐、给、接、晚上、问、非常、

开始、已经、长、两、帮、介绍

- 教师可以用PPT依次快速展示生词；
- 教师领读，学生齐读；
- 学生接龙式读一遍，每人读两个。

（2）重点生词扩展及常用搭配

给—给钱—给一本书—给你一本书—送给你一本书

—给你这本书。

—请给我十块钱。

—这是送给你的。

接—接朋友—接电话—在房间接电话

—我要去接朋友。

—他在接电话呢。

—是儿子接的电话。

问—请问—问一下—问一下老师

—请问，医院怎么走？

—我想问一下老师。

—晚上我问一下儿子。

非常—非常好—非常多—非常热—非常漂亮

—你的汉语非常好。

—我觉得这件衣服非常漂亮。

—我非常喜欢踢足球。

开始—开始上课—开始学习—开始踢足球—还没有开始

　　—每天八点就开始上课了。

　　—你是什么时候开始学习汉语的？

　　—我十一岁的时候开始踢足球。

帮—帮我—帮同学们—帮我买东西

　　—他常常帮我。

　　—他帮我们买电脑。

　　—这个工作是他帮我介绍的。

练习册相关练习：第 31 页 / 一 / 第一部分，第 34-35 页 / 二 / 第一、二部分

3 语言点

（1）"是……的"句

① 语言点解析：

　　当一件事情在过去已经完成，需要强调做这件事的人时，可以用"是……的"句式。中间是主谓短语，说话时重音落在主谓短语中的主语上。

> 主语 + 是 + …… + 的

② 语言点导入：

　　教师可以借助实物或图片，用提问的方式导入。实物可以选择课堂上的，比如学生的书、手机、笔、衣服等。图片可以根据练习的需要进行选择，比如足球、苹果、杯子等。

教师：这本书是谁买的？

学生：这本书是我买的。

教师：这个汉字是谁写的？

学生：是大卫写的。

③ 语言点操练：

教师提出问题，学生快速回答。

教师：这个汉字是你写的吗？

学生：……

教师：这个笔是你买的吗？

学生：……

教师：今天的早饭是你做的吗？

学生：……

④ 语言点扩展练习：

教师带领学生做课本第 32 页的双人活动，教师可以选择说得比较好的学生做示范。

（2）表示时间 "……的时候"

① 语言点解析：

　　"……的时候" 是一种结构比较复杂的时间状语，多用在主语之前，用来表示事情发生的时间。

　　时间词＋的时候，……

　　动词短语＋的时候，……

② 语言点导入：

询问下列时间，学生们都在做什么。

　　今天／昨天／星期…… 早上六点 上午九点 中午十二点 下午五点 晚上十一点

教师：今天早上八点的时候，你在做什么？

学生：……

教师：昨天中午十二点的时候，你在做什么？

学生：……

③ 语言点操练：

　　教师把学生分成两组，一组学生用 "……的时候" 提问，另一组学生回答，然后两组互换问答进行练习。

例如：昨天下午五点的时候，你做什么呢？

　　　　在家的时候，你常常做什么？

　　　　上课的时候，我们不能做什么？

　　　　……

④ 语言点扩展练习：

让学生把下列句子按正确的顺序排列

踢足球　　我　　　　的时候　　开始　　十岁

_____

你　　的时候　　不在家　　打电话　　我

_____

（3）时间副词 "已经"

① 语言点解析：

表示在说话前或某一特定时间前，动作状态就发生了。

② 语言点导入：

教师根据实际情况提问，引导学生用 "已经" 回答问题。

教师：昨天的汉字你写完了吗？

学生：……

教师：大卫的病好了没有？

学生：……

③ 语言点操练：

请学生根据下边给出的时间，说说自己已经做了什么或完成了什么。

例如：昨天晚上十二点

你十八岁的时候

今天早上八点的时候

……

④ 语言点扩展练习：

教师带领学生根据提示完成下列句子。

我回家的时候，妈妈已经_____。

同学们来教室的时候，老师已经_____。

4 课文

课文 1

（1）让学生听两遍录音并回答下列问题：

女的送给男的什么东西？

女的为什么送给男的东西？

这本书是谁写的？

（2）教师领读课文两遍，然后让学生分角色朗读课文。

（3）教师用 PPT 展示课文提示词，请学生再次通读一遍课文后，根据提示词复述课文。

A：生日……！这是……！

B：是什么？是……吗？

A：对，这本书……。

B：太……了！

（4）让学生以女的的口气，用叙述体复述本段课文。

今天是……的生日，我送给他……，这本书是……。

课文 2

（1）让学生听两遍录音并回答下列问题：

对话的两个人是什么关系？

电话是谁打的？

谁接的电话？

男的想问儿子什么？

（2）教师带领学生齐读课文两遍，然后请学生分角色朗读课文。

（3）教师用 PPT 展示课文提示词，请学生分角色复述课文。

A：早上有……电话。

B：电话……谁……？

A：不……，是……接的。

B：好，晚上……儿子。

（4）让学生以儿子的口气描述一下本段课文的主要内容。

课文 3

（1）让学生听两遍录音并回答下列问题：

男的喜欢踢足球吗？

男的是从什么时候开始踢足球的？

男的已经踢了多少年了？

女的喜欢踢足球吗？

（2）教师带领学生齐读课文两遍，然后请学生分角色朗读课文。

（3）教师用 PPT 展示课文提示词，把学生分成两组，一组学生提问，一组学生回答，然后两组互换问答进行练习。

A：你……吗？

B：……。

A：……什么时候……的？

B：……十一岁……开始……，已经……了。

课文 4

（1）让学生听两遍录音并回答下列问题：

男的是哪年来公司的？

男的来公司几年了？

男的认识谢先生吗？

男的和谢先生是怎么认识的？

（2）教师带领学生齐读课文两遍，然后请学生分角色朗读课文。

（3）教师用 PPT 展示课文提示词，请学生再次通读一遍课文后，根据提示词复述课文。

A：你在这儿……了？

B：已经……了，我是……来的。

A：你……吗？

B：认识，我们是……，这个工作是……的。

（4）让学生以第一人称复述本段课文的主要内容。

5 语音

句子的语法重音（1）：

① 知识点解析

从一般的语法角度来说，根据语法结构的特点，把其中某些成分的读音相应加重，我们称为语法重音。主谓结构中，谓语重读；动补结构中，补语重读；定语和中心语结构中，定语重读；状语和中心语结构中，状语重读。本课重点是谓语重读和补语重读。例如：

天气好。（谓语重读）

苹果吃完了。（补语重读）

② 语音练习

　　　　教师可利用课本第30页的例句进行语音练习。教师先领读，学生跟读，教师帮助学生掌握句子重音的规律和方法，然后让学生个别读，教师纠正错误。

练习册相关练习：第38页 / 三

6 汉字

① 知识点解析：

独体字

　　两：字形像双套马车上架在马脖子上的器具和一对马鞍，意思是"二""双"。

　　乐：本义是指乐器，又指音乐（读 yuè），后来引申为"喜悦""高兴"（读 lè）。

　　长：本义是拄拐杖的老人，现在可表示"年纪大"（读 zhǎng）或者表示"距离大"（读 cháng）。

偏旁

　　纟：绞丝旁，由它构成的汉字多和丝有关系。

　　忄：竖心旁，由它构成的汉字一般与人的心理有关系。

② 汉字练习：

- 教师板书或者用手指在空中书写本课独体字"两、乐、长"，带领学生一起识记独体字的笔画、笔顺。
- 教师板书本课偏旁"纟、忄"，提示学生注意这两个偏旁的笔画和笔顺，并书写各自的代表汉字，帮助学生识记该偏旁的意义。
- 教师板书本课笔画"乚、乛"，给学生展示这两个笔画的运笔方向，并书写各自的代表汉字，帮助学生识记笔画。
- 补充练习

　　a. 找出下列含有绞丝旁和竖心旁的汉字

　　　话　　给　　慢　　结

　　　快　　服　　故　　组

　　b. 拆分下列汉字

　　　问：_____　_____　　　　给：_____　_____

　　　帮：_____　_____　　　　常：_____　_____

　　c. 用下列偏旁和部件组合成新汉字

　　　台　　门　　扌　　口　　纟　　合　　妾　　女

　　　_____　　_____　　_____　　_____

练习册相关练习：第39-40页 / 四

7 补充课堂活动——我的爱好

把学生分成 3-4 组，请学生谈谈自己的最喜欢做的事情。然后每个小组选 1-2 名代表给全班同学介绍一下。

参考问题：

你最喜欢做什么？

你是从什么时候开始喜欢它的？

你为什么喜欢它？

你是从什么时候开始学习的？

你现在每天都还在练习吗？

8 本课小结

- 语言点："是……的"句：强调施事

  表示时间"……的时候"

  时间副词"已经"

- 语　音：句子的语法重音（1）：谓语、补语重读

- 汉　字：独体字"两、乐、长"

  偏旁"纟、忄"

附注：建议教学用具

1. 生词卡片：第 3、4 课生词卡片

2. 独体字卡片：第 4 课独体字卡片

3. 图片：足球、苹果、杯子等

5 就买这件吧

一、教学内容和教学目标

重点词语	学生能够熟练掌握"准备、不错、意思、对、以后"的词义和用法
语言点	学生能够了解并掌握： （1）副词"就"：承接上下文 （2）语气副词"还"（1）：表示勉强过得去 （3）程度副词"有点儿"
语音	学生能够掌握定语重读和状语重读的特点和规律，并能正确朗读
汉字	学生能够： （1）熟练认读本课生词 （2）独立书写独体字"鱼、衣" （3）了解"孑（子字旁）、广（广字头）"所表示的意思
功能	学生能够： （1）表达勉强过得去（还……） （2）表达消极、不满的情绪（有点儿……） （3）表达肯定、满意和夸奖（还不错，还可以）

二、教学步骤

复习旧课

1 教师出示第 5 课生词卡片，要求学生快速认读下列生词：

生日、快乐、晚上、非常、开始、已经、介绍、帮

2 教师带领学生辨析下列字形相近的汉字：

晚_____   始_____   绍_____   快_____

昨_____   好_____   给_____   块_____

3 教师根据第 4 课重点内容，要求学生快速回答问题：

这本书是谁买的？

这个汉字是谁写的？

昨天是你打的电话吗？

你是什么时候开始学习汉语的？

这个工作是他帮你介绍的吗？

二 学习新课

1 热身

热身1：教师先带领学生根据图片选出正确的词语，然后分组练习。一组学生看图片说出正确的词语；另一组学生看词语，说出图片的编号。

答案：①F　②E　③A　④D　⑤B　⑥C

热身2：教师可以采用快速提问的方法让学生根据内容选择正确的图片。比如："在哪儿吃饭？""在饭馆做什么？"等。

2 生词

（1）生词快速认读及正音

外面、准备、就、鱼、吧、件、还、可以、
不错、考试、意思、咖啡、对、以后

- 教师可以用PPT依次快速展示生词；
- 教师领读，学生齐读；
- 学生接龙式读一遍，每人读两个。

（2）重点生词扩展及常用搭配

准备—准备米饭—准备学习—准备去跑步—准备来学校

　　—水果都准备好了吗？

　　—我们准备去饭馆吃饭。

　　—你准备做什么呢？

不错—还不错—很不错—身体不错—衣服不错

　　—今天天气还不错。

　　—这个饭馆很不错。

　　—这件不错，就买这件吧。

意思—汉字的意思—我的意思—什么意思

　　—你知道这个汉字的意思吗？

　　—我的意思是不想去外面吃饭了。

　　—很多汉字我都不知道是什么意思。

对—对身体好—对身体很好—对身体不好

　　—多运动对身体好。

　　—喝牛奶对身体很好。

　　—咖啡喝多了对身体不好。

以后—下课以后—回家以后—二十岁以后—两点以后

　　—下课以后我们一起去打球吧。

　　—两点以后我有考试。

　　—以后我少喝一点儿咖啡。

练习册相关练习：第41页／一／第一部分，第44-45页／二／第一、二部分

3 语言点

（1）副词"就"

① 语言点解析：

　　　　副词"就"的意义和用法较多，本课中的"就"用在两个小句间，表示承接上文，得出结论。当句子较短时，两个小句之间也可不用"就"。

┌───┐
注意："就是"出现在句中，也可表示让步的意思。
└───┘

　┌────────────────────────────┐
　│ 前一小句，就 + 后一小句 │
　└────────────────────────────┘

② 语言点导入：

教师给出情境和提示语，引导学生用所学语法说出句子。

教师：明天天气不太好，不能去踢足球了，怎么办呢？

学生：<u>就后天去吧。</u>

教师：明天是大卫的生日，我们怎么给他过生日呢？

学生：<u>他最爱吃鱼，我们就请他吃鱼吧。</u>

③ 语言点操练：

教师说出上句，学生接下句。

教师：今天太累了，

学生：_____。（早点儿休息）

教师：这儿的咖啡不错，

学生：_____。（在这儿喝）

④ 语言点扩展练习：

　　　　教师把学生分成 A、B 两组，一组学生说前半句，另一组学生接后半句。教师可以给出情境，或者给出提示。

大卫觉得这个商店的衣服不错，想买一件。他怎么说？

这个饭馆的菜很不错，大卫想在这个饭馆吃饭。他怎么说？

（2）语气副词"还"（1）

① 语言点解析：

　　　　通常表示程度比较轻、勉强过得去。有时候在形容词前面用动词"算"，例如"还算不错"。

② 语言点导入：

教师可以根据班里学生的实际情况，给出情境，请学生用语言点准确说出句子。

教师：大卫，你休息两天了，现在身体怎么样？

学生：<u>还好。</u>

教师：今天 23 度，你们觉得热不热？

学生：<u>还可以。</u>

③ 语言点操练：

　　　　把学生分成两组，教师给出形容词，一组学生提问，另一组学生用"还"回答。练习完后，两组互换问答进行练习。

例如：A：_____？

　　　　B：……不错。

　　　　A：_____？

　　　　B：……行。

　　　　A：_____？

　　　　B：……可以。

④ 语言点扩展练习：

教师带领学生做课本第 39 页的小组活动。

（3）程度副词"有点儿"

① 语言点解析：

表示程度不高，稍微，多用于表示说话者不满的情绪。

> 有点儿＋形容词 / 动词

② 语言点导入：

　　教师给出图片或者提示词，请学生根据教师提供的情境，用语言点准确说出句子。比如：表示温度的图片，表示累的图片。

教师：今天天气怎么样？

学生：有点儿热。

教师：我们已经学习四个小时了，你们累不累？

学生：有点儿累了。

③ 语言点操练：

　　把学生分成两组，教师给出形容词，一组学生提问，另一组学生用"有点儿＋形容词"回答。练习完后，两组互换问答进行练习。

例如：A：_____？

　　　　B：……大。

　　　　A：_____？

　　　　B：……冷。

　　　　A：_____？

　　　　B：……红。

④ 语言点扩展练习：

　　教师带领学生一起回忆已经学过的形容词，选出可以用"有点儿"的形容词，并请每个学生用"有点儿＋形容词"造一个句子。

　　已经学过的形容词：

> 好　大　小　多　少　冷　热　高兴　漂亮　高　红　忙　快乐　长

4 课文

`课文 1`

（1）让学生听两遍录音并回答下列问题：

男的想去哪儿吃饭？

女的想在哪儿吃饭？

晚上他们想吃什么？

（2）教师领读课文两遍，然后让学生分角色朗读课文。

（3）教师用PPT展示课文提示词，请学生再次通读一遍课文后，根据提示词复述课文。

A：晚上我们……，怎么样？

B：我不想……，我想……。

A：那你……呢？

B：就做……吧。

课文2

（1）让学生听两遍录音并回答下列问题：

她们在哪儿说话？

她们想买什么？

B觉得第一件衣服怎么样？

第二件衣服怎么样？

（2）教师带领学生齐读课文两遍，然后请学生分角色朗读课文。

（3）教师可以根据课文内容组织学生分角色表演，要求使用下列词语或句型。

衣服　颜色　大　小　红　长

帮我……。

……还可以，……有点儿……。

……怎么样？

……还不错。

（4）让学生以A的口气将本段课文改为叙述体。

我去……，那件红色的……，朋友说这件……。

课文3

（1）让学生听两遍录音并回答下列问题：

男的今天想去做什么？

女的想不想去打球？为什么？

女的在想什么呢？

女的昨天的考试怎么样？

（2）教师带领学生齐读课文两遍，然后请学生分角色朗读课文。

（3）教师用PPT展示课文提示词，请学生再次通读一遍课文后，根据提示词复述课文。

A：今天……？

B：这两天……，不去……了。

A：你……呢？是……吗？

B：是啊，我觉得……，读和写……，很多汉字我……。

（4）让学生以女的的口气说说这次考试的情况。

……有点儿，……不去……了，昨天的考试……，……还可以……。

课文 4

（1）让学生听两遍录音并回答下列问题：

女的想让男的做什么？

男的为什么不喝咖啡？

多喝咖啡好不好？

（2）教师带领学生齐读课文两遍，然后请学生分角色朗读课文。

（3）教师用 PPT 展示课文提示词，请学生再次通读一遍课文后，根据提示词复述课文。

A：……吧，喝……吗？

B：不喝了，我已经……了。

A：是啊，咖啡喝多了对……不好。

B：以后我……，每天……。

（4）让学生用男的的口气叙述本段课文的主要内容。

我不想……了，我已经……了，咖啡喝多了……，以后我……，每天……。

5 语音

句子的句法重音（2）：

① 知识点解析

句子中如果有定语结构和状语结构时，一般定语和状语部分要重读。例如：

定语重读：

这是我新买的书。

那件衣服是我们学校的新校服。

状语重读：

同学们高兴地走了。

那个杯子就是我的。

② 语音练习

教师可利用课本第 37-38 页的例句进行语音练习。可先领读句子，使学生掌握定语重读和状语重读的规律和方法，然后让学生个别读，教师纠正错误。

练习册相关练习：第 48 页 / 三

6 汉字

① 知识点解析：

独体字

鱼：字形像头身齐全的鱼，表示"鱼"的意思。

衣：字形像中国古代的上衣，现在泛指衣服。

偏旁

　　孑：孑字旁，由它构成的汉字一般与孩子有关系。
　　广：广字头，由它构成的汉字一般和建筑有关系。

② 汉字练习：

- 教师板书或者用手指在空中书写本课独体字"鱼、衣"，带领学生一起识记独体字的笔画、笔顺。
- 教师板书本课偏旁"孑、广"，提示学生注意这两个偏旁的笔画和笔顺，并书写各自的代表汉字，帮助学生识记该偏旁的意义。
- 补充练习

　a.找出下列含有子字旁和广字头的汉字

　　　床　　孩　　庆　　孙
　　　孔　　历　　哭　　店

　b.拆分下列汉字

　　准：_____　_____　　　　　备：_____　_____
　　件：_____　_____　　　　　错：_____　_____

　c.用下列偏旁和部件组合成新汉字
　　田　　京　　式　　冫　　隹　　夂　　讠　　尤

　　_____　　_____　　_____　　_____　　_____

　　练习册相关部分：第49-50页 / 四

7 补充课堂活动——我在中国的学习和生活

　　两个学生为一组。其中一个学生谈自己在中国的学习情况，另一个学生谈自己在中国的生活情况。谈完后，请给对方一些好的建议。

> 参考词语：
>
> 还可以　　还不错　　还行
>
> 有点儿忙　　有点儿累　　很快乐　　很高兴
>
> 听　说　读　写　考试　汉字
>
> 休息　吃　喝　对……好　对……不好

8 本课小结

- 语言点：副词"就"：承接上下文
　　　　　　语气副词"还"（1）：表示勉强过得去
　　　　　　程度副词"有点儿"
- 语　音：句子的语法重音（2）：定语、状语重读
- 汉　字：独体字"鱼、衣"
　　　　　　偏旁"孑、广"

附注：建议教学用具

1. 生词卡片：第 4、5 课生词卡片

2. 独体字卡片：第 5 课独体字卡片

3. 图片：天气、身体、学习等

文化：中国人的餐桌礼仪

1 文化点解析

① 中国人在家里或餐馆里一般会坐圆桌就餐。

② 入座时，主人的右手边是最重要的客人，左边是次重要的客人。上菜的位置一般不能给客人坐。

③ 上菜时，如果有鱼，鱼头要对着最主要的客人，表示主人对客人的尊敬。

2 文化点参考处理方式

- 让学生几人一组，按照中国人的礼仪模拟在餐馆就餐的情景，合理安排主人和客人的位置。

- 很多国家的家庭或餐馆里喜欢用方桌，让学生说说自己国家是如何安排主人和客人的就餐位置的。

6 你怎么不吃了

一、教学内容和教学目标

重点词语	学生能够熟练掌握"外、好吃、打篮球、经常、公斤"的词义和用法
语言点	学生能够了解并掌握： （1）疑问代词"怎么" （2）量词的重叠 （3）关联词"因为……，所以……"
语音	学生能够掌握句子逻辑重音的特点和规律，并能正确朗读
汉字	学生能够： （1）熟练认读本课生词 （2）独立书写独体字"门、羊" （3）了解"犭（反犬旁）、心（心字底）"所表示的意思
功能	学生能够： （1）询问事情的原因（怎么……） （2）表达某个范围内的成员都具有相同的特点或特征（量词重叠） （3）表达因果的逻辑关系（因为……，所以……）

二、教学步骤

一 复习旧课

1 教师出示第5课生词卡片，要求学生快速认读下列生词：

外面、准备、可以、不错、考试、意思、以后

2 教师带领学生辨析下列字形相近的汉字：

谁_____   外_____   备_____   错_____

准_____   处_____   思_____   借_____

3 教师根据第5课重点内容，要求学生快速回答问题：

今天的天气怎么样？（有点儿）

你觉得今天的考试怎么样？（还不错）

今天晚上你们想吃什么？（就吃）

你们觉得我的新衣服怎么样？（有点儿）

每天八点来学校上课，你们累不累？（有点儿）

二 学习新课

1 热身

热身1：教师先带领学生根据图片选出正确的词语，然后分组练习。一组学生看图片说出正确的词语；另一组学生看词语，说出图片的编号。

答案：①B　②C　③D　④A　⑤E　⑥F

热身2：教师说出编号，让学生用汉语说出它们的名字，也可以教师说出名字，让学生说编号，然后让学生给这些东西搭配合适的动词。

例如：买自行车　踢足球　……

2 生词

（1）生词快速认读及正音

门、外、自行车、羊肉、好吃、面条、打篮球、

因为、所以、游泳、经常、公斤、姐姐

- 教师可以用 PPT 依次快速展示生词；
- 教师领读，学生齐读；
- 学生接龙式读一遍，每人读两个。

（2）重点生词扩展及常用搭配

外—外面—外边—门外—房间的外面

　—谁在房间的外面？

　—外边有很多人。

　—我在门外看见他的自行车了。

好吃—很好吃—太好吃了—不好吃—不太好吃

　—水果很好吃。

　—这个饭馆的饭不好吃。

　—今天的羊肉很好吃。

打篮球—去打篮球—喜欢打篮球—天天打篮球—没去打篮球

　—你们天天打篮球吗？

　—我昨天没去打篮球。

　—昨天你们怎么都没去打篮球？

公斤（斤）—一公斤—十多公斤—一百多公斤—几公斤—多少公斤

　—你现在多少公斤（斤）？

　—我想买三斤苹果。

　—这个月我天天游泳，我现在七十公斤了。

经常←→常常←→不常

经常玩—经常打篮球—经常游泳—不经常旅游

　—我们经常一起去玩儿。

——他们经常打篮球。

——你经常游泳吗?

练习册相关练习:第 51 页 / 一 / 第一部分,第 54-55 页 / 二 / 第一、二部分

3 语言点

(1)疑问代词"怎么"

① 语言点解析:

　　"怎么 + 动词 / 形容词"用来询问原因,用法同"为什么",多表示奇怪、惊讶的语气。

怎么 + 动词 / 形容词

② 语言点导入:

教师可以借助图片导入语法点,比如考试、生病、旅行等图片。

教师:大卫今天怎么不高兴? (可以让学生先说,然后用图片)

学生:考试不太好。

学生:身体不太好。

学生:没有钱去旅行。

教师:大卫今天怎么没来上课?

学生:他病了。

学生:他妈妈来北京了。

学生:他去旅行了。

③ 语言点操练:

让学生用"怎么"表达教师的问句。

教师:你为什么不喜欢喝咖啡?

学生:……

教师:昨天你为什么没来学校上课?

学生:……

教师:昨天你们为什么都没去打篮球?

学生:……

④ 语言点扩展练习:

教师带领学生做课本第 48 页的小组活动。

(2)量词的重叠

① 语言点解析:

　　本课主要讲解名量词的重叠。名量词重叠表示"由个体组成的全体",有"毫无例外"的意思,一般不用来分指全体中的每一个个体。重叠的名量词可以做主语和定语。

AA 都……

② 语言点导入：

教师给出图片，请学生根据图片的内容，用语言点回答教师的问题，比如服装店、水果店、鱼和羊肉等图片。

教师：这个商店的衣服都很漂亮吗？

学生：_____。（件件）

教师：这个星期你每天都吃什么东西？

学生：_____。（天天）

③ 语言点操练：

教师带领学生一起回忆已经学过的量词，并让学生把它们变成重叠形式。

已经学过的名量词：个 岁 本 块 件 年 月 天

④ 语言点扩展练习：

选择合适的量词完成句子。

件件　　天天　　本本　　个个

他_____都不去学校上课。

她的衣服_____都很漂亮。

同学们_____都会说汉语。

他的书_____都很贵。

（3）关联词"因为……，所以……"

① 语言点解析：

表示原因。"因为"用在前一小句，后一小句开头常用"所以"。前后两小句主语不同时，"因为"用在主语前。主语相同时，主语可在"因为"前，也可在后一小句。

因为……，所以……

② 语言点导入：

教师用提问的方式导入语言点。

教师：大卫今天没来上课，为什么？

学生：他病了。

教师总结：因为大卫病了，所以他没来上课。

教师：你们今天怎么没去打球？

学生：天气不好。

教师总结：因为天气不好，所以你们没去打球。

③ 语言点操练：

用所学语言点完成下列句子。

因为_____，所以我们没去上课。

因为_____，所以他今天不太高兴。

因为我工作很忙，所以_____。

因为我很喜欢吃鱼，所以_____。

④ 语言点扩展练习:
教师带领学生做课本第 47 页的双人活动。

4 课文

课文 1

（1）让学生听两遍录音并回答下列问题:

女的想知道什么?

小王今天什么时候来学校?

男的怎么知道小王来了?

门外的自行车是谁的?

（2）教师领读课文两遍,然后让学生分角色朗读课文。

（3）教师用 PPT 展示课文提示词,请学生再次通读一遍课文后,根据提示词复述课文。

A:你知道小王今天……吗?

B:他……了。

A:你怎么……了?

B:我在门外……了。

课文 2

（1）让学生听两遍录音并回答下列问题:

女的觉得今天的羊肉怎么样?

男的怎么不想吃了?

他想吃什么?

（2）教师带领学生齐读课文两遍,然后请学生分角色朗读课文。

（3）教师用 PPT 展示课文提示词,请学生再次通读一遍课文后,根据提示词复述课文。

A:……很好吃,你……了?

B:这个星期……,不想吃了。

A:那你……?

B:来一点儿……吧。

（4）让学生以女的或男的的口气将本段课文改为叙述体。

女生:今天的羊肉……,我男朋友不想吃,因为……,他想来一点儿……。

男生:我女朋友觉得今天的羊肉……,因为我……,不想吃了,我想来一点儿……。

课文 3

（1）让学生听两遍录音并回答下列问题:

昨天他们去打篮球了没有? 为什么?

B 昨天做什么了?

B 经常游泳吗?

（2）教师带领学生齐读课文两遍，然后请学生分角色朗读课文。

（3）教师用 PPT 展示课文提示词，请学生分角色复述课文。

　　A：昨天你们……？

　　B：因为……，所以……。我去……了。

　　A：你经常……？

　　B：这个月我……，我现在……了。

（4）让学生以 B 的口气将本段课文改为叙述体。

　　因为……，所以昨天我们都……，我去……，这个月我天天……，我现在……。

课文 4

（1）让学生听两遍录音并回答下列问题：

　　他们这两天看见小张了吗？

　　小张去哪儿了？

　　小张去做什么？

　　小张的姐姐在哪儿？

（2）教师带领学生齐读课文两遍，然后请学生分角色朗读课文。

（3）教师把学生分成两组，根据课文内容，一组提问，另一组快速回答。

　　这两天看见小张了吗？

　　小张去哪儿了？

　　小张是去北京了吗？

　　小张是去北京旅游吗？

　　小张的姐姐在哪儿？

　　小张去北京做什么？

（4）让学生用男的的口气叙述本段课文的主要内容。

　　这两天……，他去……了，不是去……，听说……。

5 语音

句子的逻辑重音：

① 知识点解析

　　　　说话人为了表示对比或为了强调句子中某一个词的意义而特别重读。这种特别的重读音节称为逻辑重音。

　　例如：你每天什么时候起床？

　　　　　我每天八点起床。

　　　　　我们今天晚上吃什么？

　　　　　我们今天晚上吃鱼吧。

② 语音练习

　　教师可利用课本第46页的例句进行语音练习。可先领读句子，使学生掌握逻辑重音的规律和方法，然后让学生个别读，教师纠正错误。

练习册相关练习：第58页/三

6 汉字

① 知识点解析：

`独体字`

门：字形像可开关的两块门板。
羊：字形像正面的羊头。

`偏旁`

犭：反犬旁，由它构成的汉字一般与动物有关系。
心：心字底，由它构成的汉字一般和人的思想活动及情感有关系。

② 汉字练习：

- 教师板书或者用手指在空中书写本课独体字"门、羊"，带领学生一起识记独体字的笔画、笔顺。
- 教师板书本课偏旁"犭、心"，提示学生注意这两个偏旁的笔画和笔顺，并书写各自的代表汉字，帮助学生识记该偏旁的意义。
- 补充练习
  a. 找出下列含有反犬旁和心字底的汉字

　狗　思　边　念
　想　猫　含　建

  b. 拆分下列汉字

　因：＿＿＿＿　＿＿＿＿　　　游：＿＿＿＿　＿＿＿＿
　以：＿＿＿＿　＿＿＿＿　　　条：＿＿＿＿　＿＿＿＿

  c. 用下列偏旁和部件组合成新汉字

　乞　彳　氵　宁　扌　口　永　丁

　＿＿＿＿　＿＿＿＿　＿＿＿＿　＿＿＿＿

练习册相关练习：第59页/四

7 补充课堂活动——你怎么不吃了？

　　把学生分成3-4个小组。仿照课文2的内容，进行角色扮演。尽量使用本课所学词语和句型：

> 参考词语和句型：
>
> 羊肉　米饭　水　咖啡　水果　牛肉　东西
> 吃　喝　买　想　不想　……很好吃　……怎么不吃了
> 还想……　来一点儿……

8 本课小结

- 语言点：疑问代词"怎么"

  量词的重叠

  关联词"因为……，所以……"

- 语　音：句子的逻辑重音
- 汉　字：独体字"门、羊"

  偏旁"犭、忄"

附注：建议教学用具

1. 生词卡片：第 5、6 课生词卡片

2. 独体字卡片：第 6 课独体字卡片

3. 图片：服装店、水果店、鱼、羊肉等

7 你家离公司远吗

一、教学内容和教学目标

重点词语	学生能够熟练掌握"离、远、小时、过、到"的词义和用法
语言点	学生能够了解并掌握： （1）语气副词"还"（2）：表示动作和状态的延续 （2）时间副词"就"：表示事情发生得早，进行得快、顺利 （3）动词"离" （4）语气助词"呢"
语音	学生能够掌握汉语的基本句调——升调和降调，并能正确朗读
汉字	学生能够： （1）熟练认读本课生词 （2）了解"彳（双人旁）、攵（反文旁）"所表示的意思
功能	学生能够： （1）表达动作或状态的延续（还……） （2）强调事情发生得早，进行得快、顺利（就……了） （3）确认事实，使别人信服（……呢）

二、教学步骤

复习旧课

1 教师出示第 6 课生词卡片，要求学生快速认读下列生词：

自行车、羊肉、好吃、面条、因为、所以、游泳、经常、公斤、姐姐

2 教师带领学生辨析下列字形相近的汉字：

妈_____ 因_____ 自_____ 听_____

好_____ 回_____ 白_____ 斤_____

3 教师根据第 6 课重点内容，要求学生快速回答问题

这个商店的衣服怎么样？（件件）

同学们的学习怎么样？（个个）

昨天你们为什么没去踢球？（因为……，所以……）

今天的羊肉很好吃，你怎么不吃？（因为……）

这两天怎么没看见小张？（因为……）

二 学习新课

1 热身

热身1：教师先带领学生根据图片选出正确的词语，然后分组练习。一组学生看图片说出正确的词语；另一组学生看词语，说出图片的编号。

答案：①C　②E　③B　④D　⑤A　⑥F

热身2：教师说出编号，让学生用汉语说出它们的名字，也可以教师说出名字，让学生说编号，然后让学生给这些东西搭配合适的动词。

例如：<u>骑</u>自行车　<u>开</u>出租车　……

2 生词

（1）生词快速认读及正音

教室、机场、路、离、公司、远、公共汽车、
小时、慢、快、过、走、到

- 教师可以用 PPT 依次快速展示生词；
- 教师领读，学生齐读；
- 学生接龙式读一遍，每人读两个。

（2）重点生词扩展及常用搭配

离—离学校—离公司—离下课—离考试

　—我家离学校不太远。

　—离下课还有十分钟。

　—你家离公司远吗？

远—很远—不太远—远不远—太远了

　—我的家很远。

　—学校离我家不太远。

　—离这儿不远有一个中国饭馆。

小时—两个小时—半个小时—一个多小时—几个小时

　—我每天学习两个小时。

　—北京到上海坐火车要几个小时？

　—坐公共汽车要一个多小时呢。

过—过生日—过新年—怎么过

　—你什么时候过生日？

　—过新年的时候我想回国。

　—今天晚上我们一起吃饭吧，给你过生日。

到—到学校—到饭馆—到下个月—到十点

　—今天我七点就到学校了。

　—到下个月我就二十岁了。

　—离这儿不远有一个中国饭馆，走几分钟就到了。

练习册相关练习：第 61 页 / 一 / 第一部分，第 64-65 页 / 二 / 第二、三部分

3 语言点

（1）语气副词"还"（2）

① 语言点解析：

　　　"还"可以表示行为、动作继续进行或状况继续存在，含有"仍旧、依然"的意思。此外，也可以用于尚未发生或将要发生的动作和状态，句中有"会、想、要"等能愿动词。

> 主语＋还（会／想／要）＋谓语

② 语言点导入：

教师可用图片导入语言点，比如睡觉、上课、考试、做饭等图片。

教师：十点多了，大卫在做什么呢？

学生：还在睡觉呢。

教师：下个星期你们要做什么？

学生：我们还要去那家中国饭馆吃中国菜。

③ 语言点操练：

请学生大声朗读下列句子。

八点了，他还在睡觉呢。

你怎么还没去上课呢？

离下课还有十分钟。

明天他还会再来看你。

④ 语言点扩展练习：

说说下列句子中"还"的用法是否相同。

这件衣服还行，不太大。

下课了，他还在看书呢。

老师说："同学们昨天的考试还可以。"

明天我还想去游泳。

你怎么还没睡觉呢？

（2）时间副词"就"

① 语言点解析：

　　　"就"用在表示时间的词语后，表示说话人认为动作发生得早、快或者用的时间少。表示已经发生的动作时，句子的末尾要用"了"。

> 就……（了）

② 语言点导入：

教师给出情境，请学生用语言点准确说出句子。

教师：刚七点，大卫已经来学校了。

学生：大卫七点就来学校了。

教师：我家离学校不远，走十分钟能到。

学生：我家离学校不远，走十分钟就到。

③ 语言点操练：

请学生大声朗读下列句子并让学生注意体会句子的意思。

同学们七点半就来教室了。

坐飞机一个小时就到北京了。

我晚上九点就睡觉了。

他一会儿就来。

④ 语言点扩展练习：

说说下列句子中"就"的用法是否相同。

我今天七点就去学校了。

他就是我的好朋友。

天气不好，就别去上课了。

走路十分钟就能到那个饭馆。

（3）语气助词"呢"

① 语言点解析：

在陈述句中，"呢"可以用在形容词谓语句和动词谓语句后，说话人用这种表达方式来告诉对方新的情况或提醒对方，含有夸张意味，句末的语调要高扬。常用结构为"还……呢"。

② 语言点导入：

教师提供情境，学生用"呢"说出句子。

教师：八点上课，大卫七点半就来学校了。我们跟大卫说什么？

学生：时间还早呢。

教师：十一点半了，同学们想下课休息。老师说什么？

学生：还有十五分钟呢。

③ 语言点操练：

请学生大声朗读下列句子，同时提醒学生注意句子的语音和语调。

我还没吃饭呢。

医院离我家还远呢。

时间还早呢，你再玩儿一会儿吧。

④ 语言点扩展练习：

说说下列句子中"呢"的用法是否相同。

你在等谁呢？

我是法国人，你呢？

坐飞机去北京要十多个小时呢。

离我的生日还有一个多星期呢。

4 课文

课文 1

（1）让学生听两遍录音并回答下列问题：

大卫在哪儿呢？

　　　　大卫在做什么呢?
　　　　现在几点了?
　　　　大卫为什么还不回来?

（2）教师领读课文两遍，然后让学生分角色朗读课文。

（3）教师用 PPT 展示课文提示词，请学生再次通读一遍课文后，根据提示词复述课文。

　　　　A：大卫……吗?
　　　　B：没有，他……呢。
　　　　A：已经……了，他怎么……?
　　　　B：明天……，他说……。

（4）让学生将本段课文的主要内容改为叙述体。

　　　　已经……了，大卫还……，他还在……，明天……，今天他……。

课文 2

（1）让学生听两遍录音并回答下列问题:

　　　　女的现在在哪儿呢?
　　　　男的现在在哪儿呢?
　　　　男的什么时候能到机场?

（2）教师带领学生齐读课文两遍，然后请学生分角色朗读课文。

（3）教师用 PPT 展示课文提示词，请学生再次通读一遍课文后，根据提示词复述课文。

　　　　A：你现在……呢?
　　　　B：在……的路上。你……了吗?
　　　　A：我……了。你还有……能到这儿?
　　　　B：……就到。

课文 3

（1）让学生听两遍录音并回答下列问题:

　　　　女的的家离公司远吗?
　　　　坐公共汽车要多长时间?
　　　　女的为什么不开车去公司?
　　　　女的怎么去公司?

（2）教师带领学生齐读课文两遍，然后请学生分角色朗读课文。

（3）教师用 PPT 展示课文提示词，请学生分角色复述课文。

　　　　A：你家……吗?
　　　　B：很远，坐公共汽车要……呢!
　　　　A：……太慢了，你怎么……?
　　　　B：开车……，路上……了!

（4）让学生以 B 的口气将本段课文改为叙述体。

　　我家离……，坐公共汽车……，因为路上……，所以我……。

课文 4

（1）让学生听两遍录音并回答下列问题：

　　A 为什么今天晚上要和 B 一起吃饭？

　　B 的生日是什么时候？

　　她们去哪儿吃饭？

　　饭馆远吗？

（2）教师带领学生齐读课文两遍，然后请学生分角色朗读课文。

（3）教师用 PPT 展示课文提示词，请学生再次通读一遍课文后，根据提示词复述课文。

　　A：今天晚上我们……吧，给你过生日。

　　B：今天？离我的生日……呢！

　　A：下个星期我……，今天过吧。

　　B：好吧，……有一个中国饭馆，……就到了。

5 语音

汉语的基本句调：

① 知识点解析

　　在汉语中，每个句子都有句调。句调也被称为语调，是指语句的高低升降。句调是贯穿整个句子的，只是在句末音节上表现得特别明显。汉语的基本句调分为两种：升调和降调。升调表现为前低后高，语势上升，一般用来表示疑问、反问、惊讶等语气。降调表现为前高后低，语势渐降，一般用于陈述句、感叹句、祈使句，表示肯定、坚决、赞美、祝福等感情。例如：

他明天不来上课？↗

他明天不来上课。↘

这件红色的衣服六百块钱？↗

这件红色的衣服六百块钱。↘

② 语音练习

　　教师可利用课本第 54 页的例句进行语音练习。可先领读句子，使学生掌握升调和降调的规律和方法，然后让学生个别读，教师纠正错误。

练习册相关练习：第 68 页 / 三

6 汉字

① 知识点解析：

偏旁

　　彳：双人旁，由它构成的汉字一般与行走有关系。

　　攵：反文旁，由它构成的汉字一般与鞭打、敲打有关系。

② 汉字练习：

- 教师板书本课偏旁"彳、攵"，提示学生注意这两个偏旁的笔画和笔顺，并书写各自的代表汉字，帮助学生识记该偏旁的意义。
- 补充练习

    a. 找出下列含有双人旁和反文旁的汉字

       住   放   行   得

       往   旅   收   效

    b. 拆分下列汉字

       室：_____ _____   路：_____ _____

       慢：_____ _____   还：_____ _____

    c. 用下列偏旁和部件组合成新汉字

       辶   宀   木   曼   几   寸   忄   至

       _____   _____   _____   _____

练习册相关练习：第 69 页 / 四

7 **补充课堂活动——你还在做什么呢?**

根据下面的时间表，说说这个时间，你还在做什么呢。

> 早上七点：   上午九点：
>
> 中午十二点半：   下午两点：
>
> 晚上七点：   晚上十点：
>
> 晚上两点：

8 **本课小结**

- 语言点：语气副词"还"（2）：表示动作和状态的延续

            时间副词"就"：表示事情发生得早，进行得快、顺利

            动词"离"

            语气助词"呢"

- 语 音：汉语的基本句调——升调和降调
- 汉 字：偏旁"彳、攵"

附注：建议教学用具

1. 生词卡片：第 6、7 课生词卡片

2. 图片：睡觉、上课、考试、做饭等

8 让我想想再告诉你

一、教学内容和教学目标

重点词语	学生能够熟练掌握"告诉、等、找、事情、贵"的词义和用法
语言点	学生能够了解并掌握： （1）疑问句"……，好吗"：询问别人的意见和看法 （2）副词"再" （3）兼语句 （4）动词的重叠
语音	学生能够掌握陈述句的句调，并能正确朗读
汉字	学生能够： （1）熟练认读本课生词 （2）了解"又（又字旁）、巾（巾字旁）"所表示的意思
功能	学生能够： （1）询问别人的意见和看法（……，好吗？） （2）表达尝试、轻微和舒缓的语气（动词重叠） （3）表达"让某人做某事"等使令意义（兼语句）

二、教学步骤

一 复习旧课

1 教师出示第7课生词卡片，要求学生快速认读下列生词：

教室、考试、准备、机场、已经、公共汽车、路上、离、远、慢

2 教师带领学生辨析下列字形相近的汉字：

谁_____　　场_____　　忙_____　　远_____

准_____　　汤_____　　快_____　　近_____

3 教师根据第7课重点内容，要求学生快速回答问题：

上课了，他还在房间做什么呢？

你怎么还没给妈妈打电话呢？

这儿离那个中国饭馆远吗？

坐公共汽车太慢了，你怎么不开车？

离你的生日还有多长时间呢？

二 学习新课

1 热身

热身1：教师先带领学生根据图片选出正确的词语，然后分组练习。一组学生看图片说出正确的词语；一组学生看词语，说出图片的编号。

答案：①C　②D　③A　④F　⑤B　⑥E

热身2：让学生自己完成热身2，教师检查学生的对错情况并给出正确答案。

2 生词

（1）生词快速认读及正音

再、让、告诉、等、找、事情、服务员、白、黑、贵

- 教师可以用PPT依次快速展示生词；
- 教师领读，学生齐读；
- 学生接龙式读一遍，每人读两个。

（2）重点生词扩展及常用搭配

告诉—告诉我—告诉他们—都告诉老师

—老师告诉我们明天有考试。

—她告诉我鸡蛋面很好吃。

—让我想想再告诉你。

等—等一会儿—等一下儿—等等—等等我们

—请你等一会儿王老师。

—等一下儿，他很快就来。

—请你等等我，好吗？

找—找人—找手机—找时间—找什么东西

—请问，你找谁？

—我正在找我的手机呢。

—我想找时间去看看他。

事情——一件事情—很多事情—什么事情

—我想告诉你一件事情。

—我有很多事情想要跟你说。

—你找大卫有什么事情吗？

贵—很贵—太贵了—不太贵—贵不贵

—这件衣服很贵。

—那件红色的衣服不太贵。

—这个商店的东西贵不贵？

练习册相关练习：第70页/一/第一部分，第73-74页/二/第一、二部分

3 语言点

（1）疑问句"……，好吗"

① 语言点解析：

"……好吗？"用于给出自己的建议或意见，同时询问对方的意见和看法。

② 语言点导入：

教师通过提问导入语言点。

教师：如果你想请朋友一起去看电影，应该怎么说？

学生：……

教师：你想吃面条，应该怎么跟妈妈说？

学生：……

③ 语言点操练：

教师把学生分成两组，一组学生用"……，好吗？"提出要求，另一组学生拒绝，并说明拒绝的理由。

④ 语言点扩展练习：

请班里的同学互相给对方或者给老师提一个建议或意见。

（2）副词"再"

① 语言点解析：

表示同一动作或状态的重复或继续，而这一动作或状态的重复或继续还没有实现。

② 语言点导入：

教师通过提问导入语言点。

教师：你吃了一个苹果，还想吃第二个，应该怎么说？

学生：……

教师：你买了一件红色的衣服，还想买一件白色的，应该怎么说？

学生：……

③ 语言点操练：

请学生大声朗读下列句子，并提醒学生注意体会句子的意思。

欢迎你们再来我家玩儿。

我明天再给你打电话吧。

我想再看一会儿汉语书。

下课以后我们再说这件事儿吧。

④ 语言点扩展练习：

把副词"再"放入下列句子中合适的位置。

我们等一会儿吧。

妈妈让我多吃一点儿米饭。

我想买一本书。

下个星期我要去北京。

（3）兼语句

① 语言点解析：

　　汉语表达"让某人做某事"的意义时，使用兼语句。兼语句的谓语由两个动宾词组构成，前一个动词的宾语又是第二个动词的主语。兼语句的前一个动词常常是"让""请""叫"等有使令意义的动词。

> 主语＋让／请／叫＋宾语／主语＋动词

② 语言点导入：

教师可以边说边做动作。

老师让大卫出去。

老师让大卫写汉字。

③ 语言点操练：

教师给出句子的前半部分，要求学生把后半部分补充完整。

妈妈让我＿＿＿＿＿＿＿＿＿＿＿＿＿＿＿＿＿。

我想请同学们＿＿＿＿＿＿＿＿＿＿＿＿＿＿＿。

老师让大家＿＿＿＿＿＿＿＿＿＿＿＿＿＿。

（4）动词的重叠

① 语言点解析：

　　汉语的动词可以重叠起来使用，重叠的动词表示一定的意义，并具有特别的表达功能。用于动作尚未发生时，动词重叠的主要作用是缓和语气，是委婉地表达主观愿望的一种方式；用于已经发生的动作时，动词重叠表示动作持续的时间很短。

> 未发生：AA　A一A

> 已发生：A了A

　　动词的重叠形式较复杂，教师可以将不同类型的动词做更详细的归纳和总结。例如：

单音节动词（AA式）：看看、听听、说说

双音节动词（ABAB式）：学习学习、介绍介绍、休息休息

离合动词（AAB式）：睡睡觉、打打电话、说说话

② 语言点导入：

教师给出一些动词，试着让学生们把这些动词变成重叠形式。

看　听　说　学习　休息　踢球　洗手

③ 语言点操练：

让学生用上面给出的动词的重叠形式完成下列句子。

工作四个小时了，我要＿＿＿＿＿＿。

我房间的门打不开了，你快点儿让人来＿＿＿＿＿＿吧。

不工作的时候，我喜欢和朋友一起＿＿＿＿＿＿茶、＿＿＿＿＿＿电影。

④ 语言点扩展练习：

教师带领学生做课本第63页的双人活动。

4 课文

课文 1

（1）让学生听两遍录音并回答下列问题：

男的想什么时候去看电影？

女的想什么时候去看电影？

女的想看什么电影？

（2）教师领读课文两遍，然后让学生分角色朗读课文。

（3）教师用 PPT 展示课文提示词，请学生再次通读一遍课文后，根据提示词复述课文。

A：我们下午……，好吗？

B：今天下午我……，明天下午……吧。

A：你想……？

B：让我……再……。

课文 2

（1）让学生听两遍录音并回答下列问题：

他们想做什么？

王老师让 B 做什么？

大卫怎么了？

B 找大卫有什么事？

（2）教师带领学生齐读课文两遍，然后请学生齐读和分角色朗读课文。

（3）教师用 PPT 展示课文提示词，请学生根据课文情景，分角色复述课文。

A：外边……，……出去……。

B：你……，好吗？王老师……给大卫……。

A：……吧。找大卫……吗？

B：听说……，我想……。

（4）让学生以 B 的口气将本段课文改为叙述体。

外边……，同学……运动运动，可是王老师……，听说……，我想……。

课文 3

（1）让学生听两遍录音并回答下列问题：

女的为什么给服务员打电话？

女的住哪个房间？

打电话以后，服务员会做什么？

（2）教师带领学生齐读课文两遍，然后请学生齐读和分角色朗读课文。

（3）教师用 PPT 展示课文提示词，请学生根据课文情景，两人一组分角色表演此段课文。

A：服务员，我房间的门……。

B：您住……？

A：317。

B：好的，我叫人……。

课文 4

（1）让学生听两遍录音并回答下列问题：

说话的两个人是谁？

谁想买衣服？

B 觉得白色的衣服怎么样？黑的呢？

B 想买这件红色的吗？

（2）教师带领学生齐读课文两遍，然后请学生分角色朗读课文。

（3）教师用 PPT 展示课文提示词，请学生再次通读一遍课文后，根据提示词复述课文。

A：你看看……。

B：这件白的……，那件黑的……。

A：……呢？这是……。

B：让我……。

（4）让学生将本段课文由对话体改为叙述体。

我想买……，今天去……，白的……，黑的……，红的……，服务员让我……，我说……。

5 语音

陈述句的句调：

① 知识点解析

陈述句一般读降调。例如：

我经常游泳。↘

他在教室学习呢。↘

② 语音练习

• 教师带领学生一起朗读课本第 62 页的例句，让学生体会陈述句句调的规律。

• 教师给出一些例句，要求学生先判断哪些句子用降调，然后大声朗读这些句子。

我们下午去看电影。

我们下午去看电影，好吗？

你找大卫有什么事情吗？

听说大卫生病了。

我房间的门打不开了。

练习册相关练习：第 77 页／三

6 汉字

① 知识点解析：

偏旁

又：又字旁，由它构成的汉字字义比较多样。

巾：巾字旁，由它构成的汉字字义大多与棉帛、纺织品有关系。

② 汉字练习：

- 教师板书本课偏旁"又、巾"，提示学生注意这两个偏旁的笔画和笔顺，并书写各自的代表汉字，帮助学生识记该偏旁的意义。
- 补充练习

a. 找出下列含有又字旁和巾字旁的汉字

对　　帽　　员　　吊

却　　放　　邓　　帐

b. 拆分下列汉字

黑：_____ _____　　　贵：_____ _____

让：_____ _____　　　房：_____ _____

c. 用下列偏旁和部件组合成新汉字

日　　斤　　扌　　夂　　讠　　力　　戈　　门

_____　　_____　　_____　　_____

练习册相关练习：第 78 页 / 四

7 补充课堂活动——我来说，你来做

请每位学生在纸条上用兼语句写一个句子，句子中的人名要用班上同学的名字。教师将纸条收回后，每位学生抽一个纸条，并朗读上边的句子，被读到名字的同学要根据纸条上的内容做出相应的动作。

> 例如：1. A 让 B 读课文。
>
> 　　　2. B 让 A 出去。

8 本课小结

- 语言点：疑问句"……，好吗"：询问别人的意见和看法

　　　　　副词"再"

　　　　　兼语句

　　　　　动词的重叠

- 语　音：陈述句的句调
- 汉　字：偏旁"又、巾"

附注：建议教学用具

生词卡片：第 7、8 课生词卡片

9 题太多，我没做完

一、教学内容和教学目标

重点词语	学生能够熟练掌握"错、问题、懂、完、题"的词义和用法
语言点	学生能够了解并掌握： （1）结果补语 （2）介词"从" （3）"第~"表示顺序
语音	学生能够掌握是非疑问句的句调，并能正确朗读
汉字	学生能够： （1）熟练认读本课生词 （2）了解"扌（提土旁）、灬（四点底）"所表示的意思
功能	学生能够： （1）表达动作的结果（结果补语） （2）引出时间、路程、事情的经过或者一个序列（从……到……） （3）表达顺序（第~）

二、教学步骤

━ 复习旧课

1 教师出示第 8 课生词卡片，要求学生快速认读下列生词：

告诉、事情、服务员、再、让、等、找、贵

2 教师带领学生辨析下列字形相近的汉字：

请＿＿＿＿＿   报＿＿＿＿＿   让＿＿＿＿＿   我＿＿＿＿＿

情＿＿＿＿＿   服＿＿＿＿＿   诉＿＿＿＿＿   找＿＿＿＿＿

3 教师根据第 8 课重点内容，要求学生快速回答问题：

考试的时候，教师不让同学们做什么？

大卫病了，医生让他做什么？

晚上十点多了，妈妈不让我做什么？

不忙的时候，你喜欢做什么？

房间的门打不开了，怎么办？

二 学习新课

1 热身

热身1：教师先带领学生根据图片选出正确的词语，然后分组练习。一组学生看图片说出正确的词语；另一组学生看词语，说出图片的编号。

答案：①C　②A　③F　④E　⑤D　⑥B

热身2：教师可以先让学生自己进行搭配练习，然后请学生说出自己的答案。教师要鼓励学生说出不同的答案。

例如：看书　看电视　看电影　……

2 生词

（1）生词快速认读及正音

错、从、跳舞、第一、希望、问题、欢迎、上班、懂、完、题

- 教师可以用 PPT 依次快速展示生词；
- 教师领读，学生齐读；
- 学生接龙式读一遍，每人读两个。

（2）重点生词扩展及常用搭配

错—写错—看错—读错—听错—买错—没写错—写错了没有

—对不起，这个汉字我写错了。

—他不是大卫，我看错了。

—你打错（电话）了，我们这儿没有叫张欢的。

问题—有问题—没问题—很多问题—什么问题

—有问题的同学可以给老师打电话。

—你有什么问题？

—没问题，非常欢迎。

懂—听懂—看懂—读懂—没听懂—听懂了没有

—昨天的课你听懂了没有？

—考试太难了，我看不懂。

—昨天的考试怎么样？你都听懂了吗？

完—看完—写完—读完—做完—没做完—做完了没有

—这本书你看完了没有？

—老师，汉字我都写完了。

—你都做完了没有？

题—问题—考试题—一道题—很多题

—我有一个题还没写完。

—我只写完了一道题。

—题太多，我没做完。

练习册相关练习：第79页/一/第一部分，第82-83页/二/第一、二部分

3 语言点

（1）结果补语

① 语言点解析：

结果补语主要表示动作或行为的结果。有些结果补语表示对动作的评价、判断。结果补语由形容词和动词充当。当我们需要叙述由一个动作或状态引起某种具体结果时，就应该用结果补语。

> 动词＋结果补语

② 语言点导入：

教师可用对比的方式导入语言点。教师给出句子，请学生说说两个句子的意思是否相同。

A₁：我吃苹果。　　A₂：我吃完苹果了。

B₁：妈妈做饭。　　B₂：妈妈做好饭了。

③ 语言点操练：

让学生用肯定式和否定式回答问题。

今天的语法课你听懂了没有？

汉字写完了没有？

今天上午你看见大卫了没有？

你吃完早饭了没有？

④ 语言点扩展练习：

选择正确的词语完成句子。

> 看见　做完　听见　看懂　做好

我没有_____你的女朋友。

妈妈说，饭已经_____了，可以吃了。

这本汉语书你能_____吗？

老师说什么了？我没_____。

考试题太多了，我没_____。

（2）介词"从"

① 语言点解析：

介词"从"表示起点，后接处所词、方位词、时间词，常与"到、往、向"等搭配使用，表示事情的发展、变化。

> 从＋处所词／方位词／时间词

② 语言点导入：

教师可利用图片进行导入，让学生用"从……到……"说出图片内容。图片可以表示不同的时间，也可以表示不同的地点。

例如：八点　十点　从八点到十点

　　　学校　商店　从学校到商店

　　　十八岁　三十岁　从十八岁到三十岁

③ 语言点操练：

请学生大声朗读下列句子，并让学生注意体会句子的意思。

从八点到十点，我在教室学习。

从北京到上海，坐飞机要两个多小时。

从我家到学校不太远。

从第三课到第五课，我都没听懂。

④ 语言点扩展练习：

做课本第 71 页的双人活动。

4 课文

课文 1

（1）让学生听两遍录音并回答下列问题：

男的想给谁打电话？

他为什么没有找到要找的人？

女的是谁？

（2）教师领读课文两遍，然后让学生分角色朗读课文。

（3）教师用 PPT 展示课文提示词，请学生再次通读一遍课文后，根据提示词复述课文。

A：你好，请问……吗？

B：你……了，我们这儿……的。

A：对不起。

（4）请学生分角色表演此段课文。

课文 2

（1）让学生听两遍录音并回答下列问题：

A 和 B 谁会跳舞？

B 第一次跳舞是什么时候？

A 的女儿今年多大了？

A 想让女儿做什么？

（2）教师带领学生齐读课文两遍，然后请学生分角色朗读课文。

（3）教师用 PPT 展示课文提示词，请学生再次通读一遍课文后，根据提示词复述课文。

A：您……学习跳舞？

B：我……是在……时候。

A：我女儿……了。我希望她……，可以吗？

B：……，非常欢迎。

课文 3

（1）让学生听两遍录音并回答下列问题：

大卫找到工作了吗？

大卫从什么时候开始上班？

大卫以前有工作吗？

大卫喜欢他的工作吗？

（2）教师带领学生齐读课文两遍，然后请学生分角色朗读课文。

（3）教师根据课文内容，设计若干问题并写在小纸条上。请学生任意抽取其中一张，先大声读出问题，然后根据课文内容回答。例如：

大卫以前有工作吗？

大卫什么时候开始上班？

这个星期大卫要去上班吗？

下个星期一谁要去上班？

这是大卫的新工作吗？

……

（4）让学生以 A 的口气将本段课文改为叙述体。

大卫……，他以前……，这是……，他从……，希望……。

课文 4

（1）让学生听两遍录音并回答下列问题：

考试是什么时候？

B 都听懂考试题了吗？

B 做完考试题了没有？为什么？

（2）教师带领学生齐读课文两遍，然后请学生分角色朗读课文。

（3）教师用 PPT 展示课文提示词，请学生再次通读一遍课文后，根据提示词复述课文。

A：……怎么样？你都……了吗？

B：……了。

A：你都……了没有？

B：题……，我……。

5 语音

是非疑问句的句调：

① 知识点解析

是非疑问句中的谓语部分要重读，全句末的句调为升调。

同学们明天都去看电影吗？↗

你下午有时间和大家一起去喝茶吗？↗

作业太多了，你有时间写吗？↗

② 语音练习

　　　　教师可利用课本第 70 页的例句进行语音练习。教师可先领读句子，使学生掌握是非疑问句的句调规律和方法，然后让学生个别读，教师纠正错误。

练习册相关练习：第 86 页 / 三

6 汉字

① 知识点解析：

偏旁

　　扌：提土旁，由它构成的汉字一般与泥土、土地和建筑物有关系。
　　灬：四点底，由它构成的汉字一般与火及用火有关系。

② 汉字练习：

* 教师板书本课偏旁"扌、灬"，提示学生注意这两个偏旁的笔画和笔顺，并书写各自的代表汉字，帮助学生识记该偏旁的意义。
* 补充练习

　　a. 找出下列含有提土旁和四点底的汉字

　　　　地　　热　　场　　块

　　　　点　　珠　　打　　黑

　　b. 拆分下列汉字

　　　　希：_____　_____　　　　迎：_____　_____

　　　　题：_____　_____　　　　班：_____　_____

　　c. 用下列偏旁和部件组合成新汉字

　　　　元　　欠　　是　　又　　忄　　页　　董　　宀

　　　　_____　　_____　　_____　　_____

练习册相关练习：第 87 页 / 四

7 **补充课堂活动——考试总结**

说说你最近一次的考试情况。

- -

参考问题：　　　　　　　　　　　　　参考句型：

　　1. 考试难不难？　　　　　　　　　　……考得不太好。

　　2. 考试考得怎么样？　　　　　　　　……考得还不错。

　　3. 什么地方写错了？　　　　　　　　……都听懂了。

　　4. 哪个地方不会做？　　　　　　　　……都不会写。

　　5. 如果考得不好，是什么原因？　　　……没做完。

　　6. 下次考试，你会注意些什么问题？

　　……

- -

8 **本课小结**

- 语言点：结果补语
  介词"从"
  "第~"表示顺序
- 语　音：是非疑问句的句调
- 汉　字：偏旁"扌、灬"

附注：建议教学用具

1.生词卡片：第8、9课生词卡片

2.图片：时间、地点

10 别找了，手机在桌子上呢

一、教学内容和教学目标

重点词语	学生能够熟练掌握"课、帮助、正在、洗"的词义和用法
语言点	学生能够了解并掌握： （1）祈使句"不要……了""别……了" （2）介词"对"
语音	学生能够掌握特指问句的句调，并能正确朗读
汉字	学生能够： （1）熟练认读本课生词 （2）了解"辶（走字旁）、宀（穴字头）"所表示的意思
功能	学生能够： （1）表达劝阻或禁止做某件事情（不要……了，别……了） （2）引出人和人、人和事物、事物和事物间的对待关系（……对……）

二、教学步骤

复习旧课

1 教师出示第9课生词卡片，要求学生快速认读下列生词：

跳舞、第一、希望、问题、欢迎、上班、听懂、做完

2 教师带领学生辨析下列字形相近的汉字：

弟_____ 问_____ 听_____ 完_____

第_____ 间_____ 诉_____ 字_____

3 教师根据第9课重点内容，要求学生用肯定式和否定式回答下列问题：

妈妈做好饭了没有？

大卫找到工作了没有？

你看见我的汉语书了没有？

考试题你都做完了吗？

今天的作业你都做完了吗？

二 学习新课

1 热身

热身1：教师先带领学生根据图片选出正确的词语，然后分组练习。一组学生看图片说出正确的词语；另一组学生看词语，说出图片的编号。

答案：①B　②A　③C　④F　⑤D　⑥E

热身2：教师可以先让学生自己进行搭配练习，然后请学生说出自己的答案。教师要鼓励学生说出不同的答案。

例如：听课文　听音乐　听歌　……

2 生词

（1）生词快速认读及正音

课、帮助、别、哥哥、鸡蛋、西瓜、正在、手机、洗

- 教师可以用PPT依次快速展示生词；
- 教师领读，学生齐读；
- 学生接龙式读一遍，每人读两个。

（2）重点生词扩展及常用搭配

课—上课—下课—有课—汉语课—明天的课

　　—我明天上午有课。

　　—你去上汉语课吗？

　　—明天的课你都准备好了吗？

帮助—帮助老师—帮助同学—有帮助—对学习有帮助

　　—他常常帮助同学。

　　—你能帮助一下大卫吗？

　　—看电视对学汉语有帮助。

正在—正在学习—正在看书—正在写汉字—正在听音乐

　　—大卫正在做什么呢？

　　—他正在写汉字呢。

　　—妈妈正在准备午饭呢。

洗—洗衣服—洗手—洗头—洗完了—洗好了

　　—你每天洗衣服吗？

　　—水果都洗好了。

　　—那件衣服我帮你洗了。

练习册相关练习：第88页/一/第一部分，第91-92页/二/第一、二部分

3 **语言点**

（1）祈使句"不要……了""别……了"

① 语言点解析：

祈使句是表示命令、请求的句子，包括命令、请求别人做什么或不要做什么。否定的祈使句表示不准、劝阻别人做什么。常由"不要、别、不用"加上其他谓语成分构成。

> 不要／别／不用＋动词＋了

② 语言点导入：

教师可以通过创设情境的方式导入语言点。

教师：上课的时候，很多同学在说话。老师应该怎么说？

学生：别说话了。／不要说话了。

教师：孩子已经吃得很多了，还要吃。妈妈说什么？

学生：别吃了。／不要吃了。

③ 语言点操练：

请学生大声朗读下列句子。

别说话了。	不要说话了。
别打电话了。	不要打电话了。
别玩儿电脑了。	不要玩儿电脑了。
别出去吃了。	不要出去吃了。

④ 语言点扩展练习：

教师带领学生做课本第 78 页的双人活动。

（2）介词"对"

① 语言点解析：

介词"对"用来指示动作的对象，可以用在助动词、副词的前或后，也可用在主语前，意思相同。

> A 对 B 好／不好

② 语言点导入：

教师可以通过创设情境的方式导入语言点。

教师：长时间玩儿手机好不好？对什么不好？

学生：长时间玩儿手机对眼睛不好。

教师：天天跑步好不好？对什么好？

学生：天天跑步对身体很好。

③ 语言点操练：

教师带领学生先完成下列句子，然后让学生大声朗读已完成的句子。

_____对身体很好。

_____对身体不好。

_____对学习汉语有帮助。

多喝咖啡对_____不好。

④ 语言点扩展练习：
- 教师带领学生做课本第 79 页的小组活动。
- 教师可以在网上搜索一段医生给病人看病的视频，删掉音频，让学生根据视频的内容，设计一段医生和病人的对话。

4 课文

课文 1

（1）让学生听两遍录音并回答下列问题：

妈妈为什么不让孩子看电视？

孩子为什么看电视？

明天的汉语课是什么时候？

孩子准备好明天的课了吗？

（2）教师领读课文两遍，然后让学生分角色朗读课文。

（3）教师用 PPT 展示课文提示词，请学生再次通读一遍课文后，根据提示词复述课文。

　　A：不要……了，明天上午……呢。

　　B：看……对……有帮助。

　　A：明天的课你都……了吗？

　　B：都……了。

（4）让学生以孩子的语气将本段课文的主要内容改为叙述体。

　　妈妈不让我……，因为……，可是我觉得……。

课文 2

（1）让学生听两遍录音并回答下列问题：

女的为什么不让男的看报纸？

男的想做什么？

男的为什么不能喝茶？

医生都说什么了？

（2）教师带领学生齐读课文两遍，然后请学生分角色朗读课文。

（3）教师用 PPT 展示课文提示词，请学生再次通读一遍课文后，根据提示词复述课文。

　　A：别……了，医生说……。

　　B：好，不看了。给我……吧。

　　A：医生说……不要喝茶。

　　B：医生还……了？

　　A：医生……。

课文 3

（1）让学生听两遍录音并回答下列问题：

男的为什么买这么多东西？

谁今天中午回来吃饭？

男的今天都买了什么东西？

妈妈做什么呢？

（2）教师带领学生齐读课文两遍，然后请学生分角色朗读课文。

（3）教师用 PPT 展示课文提示词，请学生分角色表演课文。

A：你怎么……啊？

B：哥哥今天中午……。

A：我看看……。……真不少！妈妈呢？

B：正在……。

（4）让学生以男的的口气将本段课文改为叙述体。

我买了……，因为……，有……，妈妈……。

课文 4

（1）让学生听两遍录音并回答下列问题：

男的在找什么？

男的的手机是什么颜色的？

电脑在哪儿？

手机在电脑旁边吗？

男的的衣服为什么在外边？

（2）教师带领学生齐读课文两遍，然后请学生分角色朗读课文。

（3）教师让学生根据课文内容快速完成下列句子，并大声读出来。

你看见_____了吗？白色的。

你看见_____了吗？红色的那件。

手机在_____。

电脑在_____。

衣服在_____。

5 语音

特指问句的句调：

① 知识点解析

特指问句中的疑问代词要重读，全句的句调逐渐下降。例如：

你每天和谁一起去学校？ ↘

看中文报纸对学习汉语有什么帮助？ ↘

妈妈为什么不让孩子看电视了？ ↘

② 语音练习

　　　　教师可利用课本第 77 页的例句进行练习。教师可先领读句子，使学生掌握特指问句句调的特点，然后让学生个别读，教师纠正错误。

练习册相关练习：第 95 页 / 三

6 汉字

① 知识点解析：

　　偏旁

　　走：走字旁，由它构成的汉字一般与奔跑和行走有关系。
　　穴：穴字头，由它构成的汉字一般与孔洞、房屋有关系。

② 汉字练习：

- 教师板书本课偏旁"走、穴"，提示学生注意这两个偏旁的笔画和笔顺，并书写各自的代表汉字，帮助学生识记该偏旁的意义。

- 补充练习

　　a. 找出下列含有走字旁和穴字头的汉字

　　　　空　　超　　实　　建

　　　　定　　容　　起　　穿

　　b. 拆分下列汉字

　　　　别：_____　_____　　　　蛋：_____　_____

　　　　怎：_____　_____　　　　边：_____　_____

　　c. 用下列偏旁和部件组合成新汉字

　　　　又　　另　　且　　刂　　先　　力　　鸟　　氵

　　　　_____　_____　_____　_____

练习册相关练习：第 96 页 / 四

7 补充课堂活动——要听医生的话

　　　　根据第二段课文，请学生设计一个小话剧。要求有医生、病人和病人家属。可以选择下面的提示词语设计话剧内容。

　　不要看报纸　　　不要看电视　　　不要喝咖啡　　　不要喝茶

　　多休息　　多喝水　　多睡觉　　多运动

　　给我一杯　　给我一张

　　吃药以后　　吃药以前

　　医生说……　　　医生告诉……

　　医生让你……

8 **本课小结**

- 语言点：祈使句"不要……了""别……了"
                  介词"对"
- 语　音：特指问句的句调
- 汉　字：偏旁"辶、宀"

附注：建议教学用具

1. 生词卡片：第 9、10 课生词卡片

2. 视频：医生给病人看病

文化：中国的茶文化

1 **文化点解析**

①茶是中国人生活中不可缺少的。茶不仅好喝，而且对身体有好处。
②茶的作用：提神醒脑、抵抗衰老、预防疾病、减肥。
③茶的种类很多，比如：红茶、绿茶、青茶、花茶等。
④人们常常根据季节选择不同的茶，一般来说，春天饮花茶，夏天饮绿茶，秋天饮青茶，冬天饮红茶。

2 **文化点参考处理方式**

- 教师可以给出一些图片，介绍不同种类的茶，说说它们有什么特点和不同。
- 中国茶的冲泡方法是很有讲究的，教师可以通过视频或者亲自给学生演示泡茶的方法。
- 教师可以准备几种茶叶，让学生品尝一下。

11 他比我大三岁

一、教学内容和教学目标

重点词语	学生能够熟练掌握"唱歌、女、右边、便宜、说话"的词义和用法
语言点	学生能够了解并掌握： （1）动词结构做定语 （2）"比"字句（1） （3）助动词"可能"
语音	学生能够掌握正反问句的句调，并能正确朗读
汉字	学生能够： （1）熟练认读本课生词 （2）了解"疒（病字头）、冫（两点水）"所表示的意思
功能	学生能够： （1）比较事物的性质、程度的差别和高低（"比"字句） （2）表达估计或猜测（可能）

二、教学步骤

━ 复习旧课

1 教师出示第 10 课生词卡片，要求学生快速认读下列生词：

上课、帮助、哥哥、鸡蛋、西瓜、正在、手机、洗衣服

2 教师带领学生辨析下列字形相近的汉字：

课＿＿＿＿＿　机＿＿＿＿＿　洗＿＿＿＿＿　面＿＿＿＿＿
果＿＿＿＿＿　几＿＿＿＿＿　先＿＿＿＿＿　而＿＿＿＿＿

3 教师根据第 10 课重点内容，要求学生快速回答问题：

上课的时候，学生不能做什么？

晚上十一点多了，弟弟还在看电视，妈妈会说什么？

大卫病了，医生告诉他什么？

天气太热了，我们不要做什么？

长时间看电视对什么不好？

每天跑步来学校上课好吗？

二 学习新课

1 热身

热身1：教师先带领学生根据图片选出正确的词语，然后分组练习。一组学生看图片说出正确的词语；另一组学生看词语，说出图片的编号。

答案：① F　② C　③ B　④ D　⑤ A　⑥ E

热身2：教师可以先让学生自己完成，然后请学生说出自己的答案，熟练后请学生不看课本，互相提问反义词。

例如：一个学生说"左"，另一个学生快速说出"右"。

2 生词

（1）生词快速认读及正音

唱歌、男、女、孩子、右边、比、便宜、说话、可能、去年、姓

- 教师可以用 PPT 依次快速展示生词；
- 教师领读，学生齐读；
- 学生接龙式读一遍，每人读两个。

（2）重点生词扩展及常用搭配

唱歌—唱一首歌—会唱歌—一起唱歌

—你会唱歌吗？

—我想给大家唱一首歌。

—昨天和你一起唱歌的人是谁？

女—女孩子—女同学—那个女老师—看报纸的女孩子

—你认识那个女老师吗？

—我不知道这个女同学是哪个班的。

—这个看报纸的女孩子是你姐姐吗？

右边 ⟷ 左边

—在右边—我的右边—右边的那个学生

—商店在我们学校的右边。

—我右边是个漂亮的女孩子。

—右边写字的那个人是我哥哥。

便宜—很便宜—不便宜—便宜一些—便宜一点儿

—这个商店的东西很便宜。

—今天的水果比昨天便宜一点儿。

—苹果也比昨天便宜一些。

说话—不说话—说很多话—说一会儿话—说话的那个人

—上课的时候，你为什么不说话？

—我想和朋友说一会儿话，你先走吧。

—说话的那个人就是我的汉语老师。

练习册相关练习：第 97 页 / 一 / 第一部分，第 100-101 页 / 二 / 第一、二部分

3 语言点

（1）动词结构做定语

① 语言点解析：

动词或动词短语做定语时，定语和后边的中心语之间一般要用"的"。如果不用"的"，有时前边的动词或动词短语会和后面的名词中心语发生动宾关系，结构和意义就不同了。

> 动词 / 动词短语 + 的 + 中心语

② 语言点导入：

教师可以用提问的方式导入语言点。

教师：这是谁买的书？

学生：这是我买的书。

教师：这是在哪儿买的书？

学生：这是在书店买的书。

教师：和你一起照相的人是谁？

学生：和我一起照相的人是我朋友。

③ 语言点操练：

教师让学生大声朗读下列句子。

昨天买的苹果很便宜。

和你说话的那个人是谁？

你写的汉字真漂亮！

你找的那件衣服在外边呢。

④ 语言点扩展练习：

连线组成句子。

妈妈做的菜　　　　　　　是我爸爸。

我昨天买的自行车　　　　是我大学同学。

左边看报纸的那个人　　　真好吃。

和你一起唱歌的女孩　　　是白色的。

（2）"比"字句（1）

① 语言点解析：

"比"字句表示比较关系，"比"字句的谓语可以是形容词，有时在形容词之后，还可以加上具体的数量表示差别。

> A+ 比 + B+ 形容词

> A+ 比 + B+ 形容词 + 数量短语

> A+ 没有 + B+ 形容词

② 语言点导入：

　　教师可利用图片或者实物导入语言点，比如人物、水果、衣服等图片，也可以是苹果、书等实物。

教师：红苹果三块五，黄苹果三块，用"比"字句怎么说？

学生：<u>红苹果比黄苹果贵</u>。

教师：<u>大卫 25 岁，王方 27 岁</u>，用"比"字句怎么说？

学生：<u>大卫比王方小两岁</u>。

③ 语言点操练：

教师先让学生完成句子，然后请学生大声朗读。

难　好吃　贵五十块钱　热得多

上个星期比这个星期＿＿＿＿＿＿＿＿＿。

我觉得汉语比英语＿＿＿＿＿＿＿＿＿。

这件白衣服比那件红的＿＿＿＿＿＿＿＿＿。

妈妈做的饭比爸爸做的＿＿＿＿＿＿＿＿＿。

④ 语言点扩展练习：

教师带领学生做课本第 87 页的双人活动。

（3）助动词"可能"

① 语言点解析：

　　助动词"可能"表示估计、也许，用来描述客观的可能性，一般只用于未发生的动作或虚拟的情况，可用在主语前或主语后。

② 语言点导入：

教师可采用提问的方式导入语言点。

教师：八点了，大卫怎么还没来上课？

学生：<u>他今天可能不来上课了。/他可能一会儿就来</u>。

教师：今天天气不太好，会不会下雨？

学生：<u>可能下午有雨</u>。

③ 语言点操练：

请学生大声朗读下面的句子。

老师今天没来上课，可能生病了。

妈妈下个星期可能来北京。

这件白衣服可能比那件红的贵一点儿。

可能他学习汉语的时间比我长。

④ 语言点扩展练习：

请每个学生用"可能"说一个句子，说出来的句子不能重复。

4 课文

课文 1

（1）让学生听两遍录音并回答下列问题：

　　王方昨天做什么了？

　　谁和王方一起去唱歌？

　　和王方一起唱歌的人是她的男朋友吗？

　　王方是怎么认识这个朋友的？

（2）教师领读课文两遍，然后让学生分角色朗读课文。

（3）教师用 PPT 展示课文提示词，请学生再次通读一遍课文后，根据提示词复述课文。

　　A：王方，昨天……是谁？

　　B：一个朋友。

　　A：……？　是不是……？

　　B：不是不是，我同学……，昨天……。

（4）让学生用王方的口气把本段对话改为叙述体。

　　昨天我……，这个朋友……，昨天……。

课文 2

（1）让学生听两遍录音并回答下列问题：

　　看报纸的女孩子是谁？

　　哥哥正在做什么呢？

　　哥哥多大了？

　　B 多大了？

（2）教师带领学生齐读课文两遍，然后请学生分角色朗读课文。

（3）教师用 PPT 展示课文提示词，请学生再次通读一遍课文后，根据提示词复述课文。

　　A：左边……的女孩子是……吗？

　　B：是，右边……是我哥哥。

　　A：你哥哥……？

　　B：25 岁，他比我……。

课文 3

（1）让学生听两遍录音，并回答下列问题：

　　男的想买什么？

　　今天的西瓜多少钱？

　　昨天的西瓜可能多少钱？

　　还有什么水果比昨天便宜？

（2）教师带领学生齐读课文两遍，然后请学生分角色朗读课文。

（3）教师给出提示表格，请学生根据课文内容，自己设计情景，进行角色扮演。

水果	昨天	今天
西瓜	四块	三块五
苹果	三块	两块五

课文 4

（1）让学生听两遍录音并回答下列问题：

那个汉语老师正在做什么呢？

汉语老师是新来的吗？

汉语老师是什么时候来的？

汉语老师姓什么？多大了？

（2）教师带领学生齐读课文两遍，然后请学生分角色朗读课文。

（3）教师用 PPT 展示课文提示词，请学生再次通读一遍课文后，根据提示词复述课文。

A：前边……就是我的汉语老师。你……她。

B：是……吗？

A：是……的，她姓……，28 岁。

B：她比我们老师……。

5 语音

正反问句的句调：

① 知识点解析

正反问句中的肯定部分重读，否定部分轻读，肯定和否定重叠的部分语速较快，重音后的部分，语调逐渐下降。例如：

下个星期我们还考不考汉字了？↘

你有没有时间和我们一起去看这个新电影？↘

你想不想吃我做的鱼？↘

② 语音练习

教师可利用课本第 86 页的例句进行练习。可先领读句子，使学生掌握正反问句的句调特点，然后让学生个别读，教师纠正错误。

练习册相关练习：第 104 页 / 三

6 汉字

① 知识点解析：

偏旁

疒：病字头，由它构成的汉字一般与疾病有关系。

冫：两点水，由它构成的汉字一般与冰、寒冷有关系。

② 汉字练习：
- 教师板书本课偏旁"疒、冫"，提示学生注意这两个偏旁的笔画和笔顺，并书写各自的代表汉字，帮助学生识记该偏旁的意义。
- 补充练习
  a. 找出下列含有病字头和两点水的汉字

  病　冷　治　冯

  准　历　症　疯

  b. 拆分下列汉字

  歌：_____　_____　　　便：_____　_____

  宜：_____　_____　　　能：_____　_____

  c. 用下列偏旁和部件组合成新汉字

  更　哥　田　亻　力　舌　讠　欠

  _____　_____　_____　_____　_____

  练习册相关练习：第 105 页／四

7 补充课堂活动——你做我说

把学生分为四人一组，其中两人摆造型，另外两人用语言描述出来。

> 例如：
>
> 　　左边的人在看书，右边的人在玩儿手机。
>
> 　　男的坐在前边，女的坐在后边。
>
> 　　左边的人给右边的人打电话呢。

8 本课小结

- 语言点：动词结构做定语
  　　　　　"比"字句（1）
  　　　　　助动词"可能"
- 语　音：正反问句的句调
- 汉　字：偏旁"疒、冫"

附注：建议教学用具

1. 生词卡片：第 10、11 课生词卡片

2. 图片：人物、水果、衣服等

12 你穿得太少了

一、教学内容和教学目标

重点词语	学生能够熟练掌握"雪、零、穿、进、近"的词义和用法
语言点	学生能够了解并掌握： （1）状态补语 （2）"比"字句（2）
语音	学生能够掌握选择问句的句调，并能正确朗读
汉字	学生能够： （1）熟练认读本课生词 （2）了解"止（止字旁）、冂（同字框）"所表示的意思
功能	学生能够： （1）对结果、程度、状态等进行描写、判断和评价（状态补语） （2）比较事物的性质、程度的差别和高低（"比"字句）

二、教学步骤

一 复习旧课

1 **教师出示第 11 课生词卡片，要求学生快速认读下列生词：**

唱歌、孩子、右边、便宜、说话、可能、去年

2 **教师带领学生辨析下列字形相近的汉字：**

哥＿＿＿＿＿＿　这＿＿＿＿＿＿　左＿＿＿＿＿＿　年＿＿＿＿＿＿

歌＿＿＿＿＿＿　边＿＿＿＿＿＿　右＿＿＿＿＿＿　牛＿＿＿＿＿＿

3 **教师根据第 11 课重点内容，让学生用"比"字句回答下列问题（可利用图片）：**

昨天 25 度，今天 28 度。

昨天比今天＿＿＿＿＿＿＿＿＿＿＿。

西瓜三块五，苹果五块。

西瓜没有苹果＿＿＿＿＿＿＿＿＿＿＿。

我 25 岁，哥哥 27 岁。

我比哥哥＿＿＿＿＿＿＿＿＿＿＿。

昨天的考试我有两个题不会写，小王都会写。

我的学习没有小王＿＿＿＿＿＿＿＿＿＿＿。

我们班有 23 个学生，大卫他们班有 19 个学生。

我们班的学生比他们班 ＿＿＿＿＿＿＿＿＿＿＿。

红色的衣服 800 块，白色的 650 块。

红色的衣服比白色的 ＿＿＿＿＿＿＿＿＿＿＿。

学习新课

1 热身

热身 1：教师先带领学生根据图片选出正确的词语，然后分组练习。一组学生看图片说出正确的词语；另一组学生看词语，说出图片的编号。

答案：①B　②D　③A　④E　⑤C　⑥F

热身 2：教师可以先让学生自己完成，然后请学生说出自己的答案。教师要鼓励学生说出不同的答案。

例如：说话　说汉语　说英语　……

2 生词

（1）生词快速认读及正音

得、妻子、雪、零、度、穿、进、弟弟、近

- 教师可以用 PPT 依次快速展示生词；
- 教师领读，学生齐读；
- 学生接龙式读一遍，每人读两个。

（2）重点生词扩展及常用搭配

雪—大雪—小雪—下雪—下大雪—下了一天雪

——明天有大雪，你要多穿点儿衣服。

——昨天下了一天雪。今天不下了。

——下雪了，今天真冷。

零—零度—零上 10 度—零下 1 度

——昨天很冷，外边只有零度。

——北京今天零上 5 度，不太冷。

——今天有零下 10 度吧？

穿—穿衣服—穿上—穿好—穿得少

——孩子太小，还不会穿衣服呢。

——已经八点多了，快点儿穿好衣服起床。

——你穿得太少了。

进—进房间—进门—进教室—进图书馆

——爸爸刚下飞机就去公司开会了。

——我看见大卫一个人进图书馆了。

——你穿得太少了，我们进房间吧。

近—很近—太近了—不太近—近一点儿

—我家离学校很近，我每天走路去上课。

—考试的时候你们两个不能坐得太近。

—他也希望能住得近一点儿。

练习册相关练习：第106页/一/第一部分，第109-110页/二/第一、二部分

③ 语言点

（1）状态补语

① 语言点解析：

　　状态补语主要指动词后用"得"连接的表示动作结果、状态的补语。状态补语主要是对动作进行描写、评价或判断，大多由形容词或形容词短语充当，一般在形容词前要加"很"。

主语＋动词＋得＋形容词

主语＋（动词）＋宾语＋动词＋得＋形容词

② 语言点导入：

教师可以根据班里的实际情况，用真实的情境提问，导入语言点。

教师：王方汉字写得好不好？

学生：王方汉字写得很好。

教师：大卫呢？

学生：大卫写得不好。

③ 语言点操练：

教师让学生大声朗读下列句子，并用肯定式和否定式回答。

他汉语说得好不好？

你住得远不远？

大卫跑得快不快？

王方唱得好听不好听？

④ 语言点扩展练习：

教师带领学生做课本第95页的双人活动。

（2）"比"字句（2）

① 语言点解析：

　　"比"字句中的谓语除了可以是形容词外，还可以是一般动词，后面带形容词充当的状态补语，"比"可以放在动词前，也可以放在补语前。

A＋比＋B＋动词＋得＋形容词

A＋动词＋得＋比＋B＋形容词

② 语言点导入：

　　教师可以提供图片或者语境，让学生用语言点说出句子。可以找一张两个人跑步的图片（一快一慢）做提示，也可以根据本班的实际情况，用学生们唱歌、写汉字等方面的情况做比较。

　　　教师：王方跑得快不快？大卫呢？
　　　学生：<u>大卫比王方跑得快。</u>
　　　教师：大卫唱歌怎么样？王方呢？
　　　学生：<u>王方比大卫唱得好。</u>

③ 语言点操练：
　　教师让学生先听句子，然后快速回答问题。
　　我比他说得好。谁说得好？＿＿＿＿＿＿＿。
　　他住得比我远。谁家远？＿＿＿＿＿＿＿。
　　大卫比我写得快。谁写得快？＿＿＿＿＿＿＿。
　　王方没有我起得早。谁起得早？＿＿＿＿＿＿＿。

④ 语言点扩展练习：
　　• 教师带领学生做课本第 96 页的小组活动。
　　• 完成课本第 94 页练习部分的第三题。

4 课文

课文 1

（1）让学生听两遍录音并回答下列问题：
　　女的每天早上起得早不早？
　　男的每天早上几点起床？
　　女的每天睡得早不早？
　　女的每天睡几个小时？

（2）教师领读课文两遍，然后让学生分角色朗读课文。

（3）教师用 PPT 展示课文提示词，请学生再次通读一遍课文后，根据提示词复述课文。
　　A：你每天早上……？
　　B：六点多。
　　A：你比我……。
　　B：我……，我每天……。……身体好。

（4）让学生用女的的口气把本段对话改为叙述体。
　　我每天……，我的朋友……，我每天晚上，我觉得……。

课文 2

（1）让学生听两遍录音并回答下列问题：
　　女的和男的在哪儿聊天呢？
　　女的为什么让男的再吃点儿米饭？

男的想不想再吃点儿米饭？

男的做饭怎么样？

（2）教师带领学生齐读课文两遍，然后请学生分角色朗读课文。

（3）教师用 PPT 展示课文提示词，请学生再次通读一遍课文后，根据提示词复述课文。

A：再……吧，你吃得……。

B：不少了，今天……，太谢谢你了。

A：你做饭……？

B：……，我妻子……。

（4）请学生根据课文内容，自己设计情景，进行角色扮演。

课文 3

（1）让学生听两遍录音并回答下列问题：

今天天气怎么样？

今天几度？

女的为什么让男的进房间？

（2）教师带领学生齐读课文两遍，然后请学生分角色朗读课文。

（3）教师用 PPT 展示课文提示词，请学生再次通读一遍课文后，根据提示词复述课文。

A：……，今天真冷。

B：有……吧？

A：是啊，你……了，我们……吧。

B：好吧。

课文 4

（1）让学生听两遍录音并回答下列问题：

B 在做什么呢？

B 的弟弟为什么要找房子？

家离公司远，好不好？

B 的弟弟希望找一个什么样的房子？

（2）教师带领学生齐读课文两遍，然后请学生分角色朗读课文。

（3）教师用 PPT 展示课文提示词，请学生再次通读一遍课文后，根据提示词复述课文。

A：你在……呢？

B：我弟弟……，现在他家……。

A：住得远……！

B：是啊，他也希望……。

5 **语音**

选择问句的句调：

① 知识点解析

　　选择疑问句是指提出两个或两个以上可能的答案供对方选择的句式。这一类疑问句通常都是前面供选择的答案用低升调，最后一个用降调。

你想喝茶还是喝咖啡？

你们的语法老师是去年来的还是今年来的？

星期天我们一起去看电影、唱歌还是吃饭？

② 语音练习

　　教师可利用课本第 95 页的例句进行练习。教师可先领读句子，使学生掌握选择问句的句调特点，然后让学生个别读，教师纠正错误。

练习册相关练习：第 113 页 / 三

6 **汉字**

① 知识点解析：

偏旁

止：止字旁，由它构成的汉字一般与脚趾有关系。

冂：同字框，由它构成的汉字一般与事物的关系和形象有关系。

② 汉字练习：

- 教师板书本课偏旁"止、冂"，提示学生注意这两个偏旁的笔画和笔顺，并书写各自的代表汉字，帮助学生识记该偏旁的意义。

- 补充练习

　a. 找出下列含有止字旁和同字框的汉字

　　问　　同　　网　　跑

　　步　　此　　址　　间

　b. 拆分下列汉字

　　得：_____　_____　　　零：_____　_____

　　穿：_____　_____　　　近：_____　_____

　c. 用下列偏旁和部件组合成新汉字

　　雨　　反　　井　　彐　　辶　　穴　　牙　　亻

　　_____　　_____　　_____　　_____

练习册相关练习：第 114 页 / 四

7 **补充课堂活动——给你一个建议**

请每个学生给别人一个建议，或者提出一个希望。可以参考下列句子。

例如：

天气很热，你穿得太多了。

你的手机太旧了，应该买一个新的。

我希望你每天来上课。

……

⑧ 本课小结

* 语言点：状态补语

　　　　　　　"比"字句（2）

* 语　音：选择问句的句调

* 汉　字：偏旁"止、门"

附注：建议教学用具

1. 生词卡片：第 11、12 课生词卡片

2. 图片：两个人跑步（一快一慢）

13 门开着呢

一、教学内容和教学目标

重点词语	学生能够熟练掌握"手、拿、长、一直、路口"的词义和用法
语言点	学生能够了解并掌握： （1）动态助词"着" （2）反问句"不是……吗" （3）介词"往"
语音	学生能够掌握祈使句的句调，并能正确朗读
汉字	学生能够： （1）熟练认读本课生词 （2）了解"斤（斤字旁）、页（页字旁）"所表示的意思
功能	学生能够： （1）表达某种状态的延续（动态助词"着"） （2）表达提醒或者表达说话人的不理解、不满意等（不是……吗） （3）指示方向（介词"往"）

二、教学步骤

复习旧课

1 教师出示第 12 课生词卡片，要求学生快速认读下列生词：

妻子、雪、零度、穿、进、弟弟、近

2 教师带领学生辨析下列字形相近的汉字：

雨_____   进_____   第_____   真_____

雪_____   近_____   弟_____   直_____

3 教师引导学生把下列句子变成问句，再用否定式回答：

我觉得我的汉语说得很好。

这是妻子给我做的鱼，做得很好吃。

从我家到医院有点儿远。

二 学习新课

1 热身

热身 1：教师先带领学生根据图片选出正确的词语，然后分组练习。一组学生看图片说出正确的词语；另一组学生看词语，说出图片的编号。

答案：①C ②A ③F ④E ⑤B ⑥D

热身 2：教师可以先让学生自己完成，然后请学生说出自己的答案。教师要鼓励学生说出不同的答案。

例如：下课 下车 下飞机 ……

2 生词

（1）生词快速认读及正音

着、手、拿、铅笔、班、长、笑、宾馆、一直、往、路口

- 教师可以用 PPT 依次快速展示生词；
- 教师领读，学生齐读；
- 学生接龙式读一遍，每人读两个。

（2）重点生词扩展及常用搭配

手—左手—右手—手里—在手上

——我喜欢用左手写字。

——你手里的东西是什么？

——那个手里拿着铅笔的人是谁？

拿—拿东西—拿铅笔—拿好—没拿到

——下车的时候，请大家拿好自己的东西。

——别让他拿那么多东西。

——那个手里拿着铅笔的人是我朋友。

长—长大—长高—长着

——孩子已经长大了。

——几年没见，你都长这么高了。

——（大卫的女朋友）就是我们班那个长着两个大眼睛、非常爱笑的女孩儿。

一直——一直走——一直往前——一直往左走

——从这儿一直走就是我们学校。

——一直往左走就是宾馆。

——从这儿一直往前走。

路口—十字路口—大路口—左边的路口—路口的右边

——前边有一个十字路口。

——路口的右边就是医院。

——从这儿一直往前走，到了前面的路口再往右走。

练习册相关练习：第 115 页 / 一 / 第一部分，第 118-119 页 / 二 / 第一、二部分

3 **语言点**

（1）动态助词"着"

① 语言点解析：

表示状态的持续，可以用在动词、形容词后，动词、形容词前一般不加"正、正在、在"。

主语＋动词＋着＋宾语

主语＋没（有）＋动词＋着＋定语

② 语言点导入：

教师可根据班里的实际情况，用提问的方式导入语言点。

教师：（指着教室里的灯问学生）灯开着还是关着？

学生：灯开着。

教师：（指着教室里的门问学生）门开着还是关着？

学生：门关着。

③ 语言点操练：

教师带领学生大声朗读下列句子。

同学们在教室里坐着。

她穿着一件白色的衣服。

房间的门开着，小王在里边学习汉语呢。

电视开着，可是没有人看。

④ 语言点扩展练习：

教师带领学生做课本第104页的小组活动。

（2）反问句"不是……吗"

① 语言点解析：

用"不是……吗"的格式，强调"不是"后边的句子，提醒学生注意某种明显的事实，表达时略带惊讶或者不满的语气。

② 语言点导入：

教师说出陈述句，请学生变成反问句的形式，并提醒学生注意体会句子的意思。教师可以用学生熟悉的人或事物创设情境导入。

教师：王方19岁了。

学生：王方不是20岁了吗？

教师：前边路口有一个很大的饭馆。

学生：前边路口不是只有一个小饭馆吗？

③ 语言点操练：

教师带领学生大声朗读下列句子，并提醒学生注意体会句子的意思。

你不是说今天休息吗？怎么又来学校了？

你不是没钱吗？怎么还买这么贵的衣服？

你弟弟上大学了？他不是只有 16 岁吗？

前边不是有一个书店吗？

④ 语言点扩展练习：

把学生分成两组，一组学生用"不是……吗"说句子，另一组学生用肯定句或者否定句回答。

你不是每天六点起床吗？＿＿＿＿＿＿＿＿＿＿＿＿。

你妈妈不是上个星期来北京了吗？＿＿＿＿＿＿＿＿＿＿。

那个正在说话的女孩不是你姐姐吗？＿＿＿＿＿＿＿＿。

那个穿红衣服的不是王老师吗？＿＿＿＿＿＿＿＿＿。

（3）介词"往"

① 语言点解析：

表示动作的方向。可以跟方位词或者处所词组成介词短语，用在动词前。

> 往＋方位词／处所词＋动词

② 语言点导入：

教师做动作，让学生来说。

往前走—往后走—往左走—往右走—往外走

③ 语言点操练：

把学生分成两组，分别用"往+方向+动作"说句子，看哪组说得准确，说得多，说得快。

例如：往前看　往后走　往左跑　……

④ 语言点扩展练习：

• 教师带领学生做课本第 103 页的双人活动。

• 教师带领学生完成课本第 102 页练习部分的第三题。

4 课文

课文 1

（1）让学生听两遍录音并回答下列问题：

B 想找谁？

张先生在办公室吗？

张先生去哪儿了？

张先生什么时候回来？

（2）教师领读课文两遍，然后让学生分角色朗读课文。

（3）请学生根据课文内容，自己设计情景，进行角色扮演。

课文 2

（1）让学生听两遍录音并回答下列问题：

那个正在说话的人是谁？

谁认识杨笑笑？为什么？

那个手里拿着铅笔的人是谁？

（2）教师带领学生齐读课文两遍，然后请学生分角色朗读课文。

（3）教师用 PPT 展示课文提示词，请学生再次通读一遍课文后，根据提示词复述课文。

A：那个……是谁？

B：我知道……，她姓……，叫杨笑笑，她姐姐……。

A：那个……的呢？

B：我不认识。

课文 3

（1）让学生听两遍录音并回答下列问题：

B 有女朋友了吗？

说说 B 的女朋友什么样？

A 认识 B 的女朋友吗？为什么？

"前男友"是什么意思？

（2）教师带领学生齐读课文两遍，然后请学生分角色朗读课文。

（3）教师用 PPT 展示课文提示词，请学生再次通读一遍课文后，根据提示词复述课文。

A：听说……了？我认识她吗？

B：就是我们班那个……，非常……的女孩儿。

A：她不是……吗？

B：那个已经是……了。

课文 4

（1）让学生听两遍录音并回答下列问题：

A 在做什么呢？

A 想去什么地方？

新京宾馆离这儿远不远？

去新京宾馆怎么走？

（2）教师带领学生齐读课文两遍，然后请学生分角色朗读课文。

（3）教师用 PPT 展示课文提示词，把学生分成两组，分角色复述课文。

A：请问，……远吗？

B：不远，走路……。

A：你能……吗？

B：从这儿……，到了前面的路口……。

（4）请学生进行角色扮演。

5 语音

祈使句的句调：

① 知识点解析

祈使句的作用是要求、命令或建议别人做或不做一件事。句调通常是一个降调，全句音高较低。如果是两个分句，前一个分句末尾语调略升，全句末尾语调缓降。

快点儿学习吧。↘

坐公共汽车去学校吧。↘

下雨了，多穿点儿衣服吧。↘

② 语音练习

教师可利用课本第 102 页的例句进行练习。教师可先领读句子，使学生掌握祈使句的句调特点，然后让学生个别读，教师纠正错误。

练习册相关练习：第 122 页 / 三

6 汉字

① 知识点解析：

偏旁

斤：斤字旁，由它构成的汉字一般与斧头、砍削的动作有关系。

页：页字旁，由它构成的汉字一般与人头、面部有关系。

② 汉字练习：

- 教师板书本课偏旁"斤、页"，提示学生注意这两个偏旁的笔画和笔顺，并书写各自的代表汉字，帮助学生识记该偏旁的意义。

- 补充练习

  a. 找出下列含有斤字旁和页字旁的汉字

  颜　　岩　　题　　顺

  新　　须　　忻　　所

  b. 拆分下列汉字

  着：_____ _____　　　　笔：_____ _____

  拿：_____ _____　　　　宾：_____ _____

  c. 用下列偏旁和部件组合成新汉字

  合　　⺮　　宀　　毛　　主　　兵　　彳　　手

  _____ _____ _____ _____

练习册相关练习：第 123 页 / 四

7 补充课堂活动——猜猜他 / 她是谁

请学生模仿第二段和第三段课文，描述本班一个同学的外貌或性格特点，不许说出名字，然后请大家猜猜他 / 她是谁。（时间允许的情况下让每个学生都做描述练习。）

例如：

> 她是女孩子。眼睛很大，个子很高，喜欢穿红色的衣服。朋友很多，上课的时候非常爱笑。我们都很喜欢她。

8 本课小结

- 语言点：动态助词"着"
  - 反问句"不是……吗"
  - 介词"往"
- 语　音：祈使句的句调
- 汉　字：偏旁"斤、页"

附注：建议教学用具

生词卡片：第 12、13 课生词卡片

14 你看过那个电影吗

一、教学内容和教学目标

重点词语	学生能够熟练掌握"有意思、玩儿、晴、百"的词义和用法
语言点	学生能够了解并掌握： （1）动态助词"过" （2）关联词"虽然……，但是……" （3）动量补语"次"
语音	学生能够掌握感叹句的句调，并能正确朗读
汉字	学生能够： （1）熟练认读本课生词 （2）了解"雫（雨字头）、贝（贝字旁）"所表示的意思
功能	学生能够： （1）表达过去的经历（动态助词"过"） （2）表达先让步，然后转折的逻辑（虽然……，但是……） （3）表达动作发生、进行的次数（动量补语"次"）

二、教学步骤

复习旧课

1 教师出示第 13 课生词卡片，要求学生快速认读下列生词：

手、拿、铅笔、班、长、宾馆、一直、往、路口

2 教师带领学生辨析下列字形相近的汉字：

笑_____   住_____   路_____   铅_____

笔_____   往_____   跑_____   识_____

3 教师根据第 13 课重点内容，要求学生快速回答问题：

大卫穿着什么颜色的衣服？

手里拿着手机的那个人是谁？

那个长着两个大眼睛的女孩是你的同学吗？

你认识那个坐着学习的人吗？

你能告诉我怎么去图书馆吗？

这儿离医院远不远？你能告诉我怎么走吗？

二 学习新课

1 热身

热身1：教师先带领学生根据图片选出正确的词语，然后分组练习。一组学生看图片说出正确的词语；另一组学生看词语，说出图片的编号。

答案：①D　②A　③E　④F　⑤C　⑥B

热身2：教师说出编号，让学生用汉语说出它们的名字。

参考答案：①电视　②电影　③电话　④电脑

2 生词

（1）生词快速认读及正音

有意思、但是、虽然、次、玩儿、晴、百

* 教师可以用PPT依次快速展示生词；
* 教师领读，学生齐读；
* 学生接龙式读一遍，每人读两个。

（2）重点生词扩展及常用搭配

有意思—很有意思—非常有意思—没（有）意思—有意思的书

　　—那个电影很有意思，星期天一起去看看吧？

　　—我觉得这本新买的书没意思。

　　—听说（这个电影）很有意思。

玩儿—好玩儿—玩儿一会儿—玩儿电脑—玩儿玩儿

　　—这个周末不太忙，一起去玩儿吧。

　　—我告诉他不要每天晚上玩儿电脑。

　　—我虽然去过好几次，但是还想再去玩儿玩儿。

晴—晴天

　—你看，今天是晴天。

　—我看电视上说明天晴，天气很好。

　—虽然是晴天，但是很冷。

百—两百—两百多—不到两百

　—这个学校的学生不多，只有两百人。

　—那件红色的衣服两百多块，不太贵。

　—两百块还可以，喜欢就买吧。

练习册相关练习：第124页／一／第一部分，第127-128页／二／第一、二部分

3 语言点

（1）动态助词"过"

① 语言点解析：

　　　　动态助词"过"表示曾经发生某一动作或存在某一状态，但现在已经不再进行，这种状态已经结束。

| 主语＋动词＋过＋宾语 |
| 主语＋没（有）＋动词＋过＋宾语 |
| 主语＋动词＋过＋宾语＋吗／没有？ |

② 语言点导入：

教师可以利用图片用提问的方式导入语言点，比如故宫、胡同、汉字的图片等。

教师：你们去过故宫吗？

学生：我们去过故宫。

教师：来中国以前你学过汉语吗？

学生：我没学过汉语。

③ 语言点操练：

教师提问，学生用肯定式和否定式回答。

你去过王老师家没有？

你看过中国电影没有？

你吃过中国菜没有？

你听过这首歌没有？

④ 语言点扩展练习：

教师带领学生做课本第 112 页的小组活动。

（2）关联词"虽然……，但是……"

① 语言点解析：

　　　　表示让步与转折关系。"虽然"多用在前一个分句中，引出表示让步的分句，后一分句常用"但是、可是"引出转折关系。

② 语言点导入：

教师给出情境，请学生用"虽然……，但是……"说句子。

教师：今天天气不太好，同学们还想去踢足球。

学生：虽然天气不太好，但是同学们还想去踢足球。

教师：那个饭馆很小，做的菜很好吃。

学生：虽然那个饭馆很小，但是做的菜很好吃。

③ 语言点操练：

让学生把下列句子填写完整。

虽然我不会写汉字，但是＿＿＿＿＿＿＿＿＿＿。

虽然这件衣服很漂亮，但是＿＿＿＿＿＿＿＿＿＿。

虽然＿＿＿＿＿＿＿＿＿＿，但是我没有时间。

虽然＿＿＿＿＿＿＿＿＿＿，但是天气不太冷。

④ 语言点扩展练习：
教师带领学生做课本第 112 页的双人活动。

（3）动量补语"次"
① 语言点解析：
动量补语用在动词的后边，表示动作、行为进行的数量、次数。

主语＋动词＋过＋数量词＋次＋宾语

主语＋动词＋过＋指人的名词／人称代词＋数量词＋次

注意：宾语是表示地点的名词时，动量补语可以放在宾语前，也可以放在宾语后。

② 语言点导入：
教师做动作，让学生来说。
听一次、写一次、读一次、看一次

③ 语言点操练：
请学生想想已经学过哪些动词，把这些动词加上动量补语，然后大声说出来。
例如：来一次　去一次　看一次　……

④ 语言点扩展练习：
用动量补语完成下列句子。
这本书以前我_____。
我小的时候_____北京。
这个电影不错，我已经_____。
今天上午，小王_____你_____，你没在。

4 课文

课文 1

（1）让学生听两遍录音并回答下列问题：
B 看过那个电影没有？
B 听说过那个电影吗？
A 想什么时候去看电影？
B 想和谁一起去看电影？

（2）教师领读课文两遍，然后让学生分角色朗读课文。

（3）教师用 PPT 展示课文提示词，请学生再次通读一遍课文后，根据提示词复述课文。
A：你……没有？
B：没看过，听说……。
A：那我们……吧？
B：可以，但是……。

课文 2

（1）让学生听两遍录音并回答下列问题：

女的去过中国吗？

女的还想去中国吗？

男的想去中国吗？

"到时候"是指什么时候？

（2）教师带领学生齐读课文两遍，然后请学生分角色朗读课文。

（3）教师用 PPT 展示课文提示词，请学生再次通读一遍课文后，根据提示词复述课文。

A：听说……，还想去吗？

B：我虽然……，但是……。

A：那我们……吧。

B：好啊，到时候……。

课文 3

（1）让学生听两遍录音并回答下列问题：

明天天气怎么样？

谁想出去跑步？

女的能出去跑步吗？为什么？

（2）教师带领学生齐读课文两遍，然后请学生分角色朗读课文。

（3）教师用 PPT 展示课文提示词，把学生分成两组，一组学生提问，一组学生回答。然后互换角色。

A：明天天气……？

B：虽然……，但是……。

A：那还能……吗？

B：可以，但是……，我还有……。

（4）用女的的口气叙述本段课文的主要内容。

明天……，虽然……，但是……，我的朋友想……，但是……。

课文 4

（1）让学生听两遍录音并回答下列问题：

他们在做什么呢？

男的觉得这个商店的东西怎么样？

女的想不想买这件衣服？

男的觉得这件衣服贵不贵？

（2）教师带领学生齐读课文两遍，然后请学生分角色朗读课文。

（3）教师用PPT展示课文提示词，学生可以自己设计情景，分角色表演课文。

　　A：你在这个商店……没有？

　　B：买过一次，……还可以，就是……。

　　A：我喜欢……，但是觉得……。

　　B：……还可以，……吧。

5 语音

感叹句的句调：

① 知识点解析

　　感叹句是用来抒发喜悦、愤怒、惊讶或悲哀等强烈感情的。一般来说，表示悲哀、难过的感叹句一般用低而趋降的句调，表示喜悦、惊讶的感叹句可以用高而平的句调。

你唱的歌真好听啊！↘

快点儿回房间，天气多冷啊！→

这次的汉语考试太难了！↘

② 语音练习

　　教师可利用课本第 111 页的语音练习部分进行练习。教师可先领读句子，使学生掌握感叹句的句调特点，然后让学生个别读，教师纠正错误。

练习册相关练习：第 131 页 / 三

6 汉字

① 知识点解析：

　　偏旁

　　⻗：雨字头，由它构成的汉字一般与云、雨等天气现象有关系。

　　贝：贝字旁，由它构成的汉字一般与钱财有关系。

② 汉字练习：

- 教师板书本课偏旁"斤、页"，提示学生注意这两个偏旁的笔画和笔顺，并书写各自的代表汉字，帮助学生识记该偏旁的意义。
- 补充练习

　　a. 找出下列含有雨字头和贝字旁的汉字

　　　　雪　　货　　财　　電

　　　　览　　雾　　狈　　觉

　　b. 拆分下列汉字

　　　　虽：_____　_____　　　　玩：_____　_____

　　　　然：_____　_____　　　　意：_____　_____

　　c. 用下列偏旁和部件组合成新汉字

　　　　口　　西　　日　　心　　青　　相　　虫　　女

　　　　_____　_____　_____　_____

练习册相关练习：第 132 页 / 四

7 补充课堂活动——去商店买东西

请学生 2-3 人组成小组，自己设计在商店里的购物场景，然后进行角色扮演。可以参考下面的提示。

人物：两个人（同学、朋友）　　三个人（同学、朋友、售货员）

地点：商店里

东西：衣服、水果、书……

句式：在……买过……没有？

……还可以。

虽然……，但是……有点儿贵。

我喜欢……，你呢？

再看看……吧。

8 本课小结

- 语言点：动态助词"过"

关联词"虽然……，但是……"

动量补语"次"

- 语　音：感叹句的句调
- 汉　字：偏旁"雨、贝"

附注：教学建议用具

1.生词卡片：第 13、14 课生词卡片

2.图片：故宫、北京胡同、汉字等

15 新年就要到了

一、教学内容和教学目标

重点词语	学生能够熟练掌握"票、火车站、更、阴"的词义和用法
语言点	学生能够了解并掌握： （1）动作的状态"要……了" （2）"都……了"
语音	学生能够掌握用"吧"和"吗"构成的疑问句的句调，并能正确朗读
汉字	学生能够： （1）熟练认读本课生词 （2）了解"屾（山字旁）、大（大字旁）"所表示的意思
功能	学生能够： （1）表达某件事情将要发生（要……了） （2）表达"已经"的意思（都……了）

二、教学步骤

复习旧课

1 教师出示第 14 课生词卡片，要求学生快速认读下列生词：

有意思、但是、虽然、玩儿、晴、百、次

2 教师带领学生辨析下列字形相近的汉字：

晴＿＿＿＿＿＿　　次＿＿＿＿＿＿　　买＿＿＿＿＿＿　　白＿＿＿＿＿＿

睛＿＿＿＿＿＿　　冷＿＿＿＿＿＿　　卖＿＿＿＿＿＿　　百＿＿＿＿＿＿

3 教师根据第 14 课重点内容，要求学生快速回答问题：

那个电影很有意思，你看过没有？

听说你去过中国，还想去吗？

昨天天气怎么样？

你在北京的商店买过东西吗？

你觉得北京商店里的东西贵不贵？

天气很冷，还能去跑步吗？

二 学习新课

1 热身

热身1：教师先带领学生根据图片选出正确的词语，然后分组练习。一组学生看图片说出正确的词语；另一组学生看词语，说出图片的编号。

答案：①D　②A　③E　④B　⑤F　⑥C

热身2：教师说出事物的名字，让学生说出对应图片的编号。

参考答案：①公共汽车　②出租车　③火车　④自行车

2 生词

（1）生词快速认读及正音

日、新年、票、火车站、大家、更、妹妹、阴

- 教师可以用PPT依次快速展示生词；
- 教师领读，学生齐读；
- 学生接龙式读一遍，每人读两个。

（2）重点生词扩展及常用搭配

票—火车票—飞机票—一张票—买票

—我想买火车票，你能跟我一起去吗？

—你能帮我买一张票吗？

—你买票了吗？

火车站—去火车站—来火车站—到火车站

—明天下午王老师去火车站做什么？

—晚上我要去火车站送一个外国朋友。

—明天就去火车站买票。

更—更好—更快—更便宜

—这次考试他比我考得更好。

—上下班的时候，路上有很多车，所以我觉得走路更快一点儿。

—希望我们的公司明年更好。

阴—阴天

—今天是个阴天。

—昨天阴天，我觉得会下雨，所以我没出去。

—天阴了，我要回去了。

练习册相关练习：第133页/一/第一部分，第136-137页/二/第一、二部分

3 语言点

（1）动作的状态"要……了"

① 语言点解析：

"要／快要／快／就要……了"表示动作行为将要或者即将发生。

> 主语＋要／快要／快／就要＋谓语（＋宾语）＋了

> 注意：如果句子中有时间状语，只能用"就要……了"。

② 语言点导入：

教师可利用图片导入语言点，比如学生去上课的图片、准备睡觉的图片等。

教师：七点五十分了，同学们要做什么？

学生：<u>同学们要上课了</u>。

教师：晚上十一点多了，大卫要做什么？

学生：<u>大卫快睡觉了</u>。

③ 语言点操练：

教师带领学生大声朗读下列句子，并提醒学生注意体会句子的意思。

下个月姐姐就要结婚了。

天阴了，快下雨了。

我们快要考试了。

我要回国了。

④ 语言点扩展练习：

教师带领学生做课本第119页的小组活动。

（2）"都……了"

① 语言点解析：

"都"也可以表示"已经"的意思，通常含有强调或不满的语气，句末常常用"了"。

② 语言点导入：

教师给出图片提示，请学生用"都……了"说句子。

教师：（四月的图片）

学生：<u>都四月了，天气热了</u>。

教师：（去吃饭的图片）

学生：<u>都下课了，我们去吃饭吧</u>。

③ 语言点操练：

教师带领学生大声朗读下列句子，并提醒学生注意句子所表达的意思。

都十二点了，我想吃饭了。

你都买这么多东西了，别买了。

都阴天了，快回家吧。

他都三十岁了，怎么还不找工作？

④ 语言点扩展练习：

- 教师把学生分成两组，一组用"都……了"说出前一个分句，另一组根据前一分句，补充后一分句。

  A 组：都晚上十二点了。

  B 组：快睡觉吧。

  ……

- 教师带领学生完成课本第 117 页练习部分的第三题。

4 课文

课文 1

（1）让学生听两遍录音并回答下列问题：

今天是几月几号？

新年是什么时候？

男的新年的时候准备做什么？

男的想什么时候去买票？

（2）教师领读课文两遍，然后让学生分角色朗读课文。

（3）教师用 PPT 展示课文提示词，请学生再次通读一遍课文后，根据提示词复述课文。

A：今天是……，新年……。

B：新年你……？

A：我想……，北京很不错，我……。

B：你买票了吗？

A：还没有呢，明天就……。

（4）让学生用男的的口气将本段课文改为叙述体。

今天……，新年……，我想……，可是我还……。

课文 2

（1）让学生听两遍录音并回答下列问题：

现在可能是几月？

男的为什么要感谢大家？

女的希望什么？

（2）教师带领学生齐读课文两遍，然后请学生分角色朗读课文。

（3）教师用 PPT 展示课文提示词，请学生分角色复述课文。

A：时间……，新的一年……了！

B：是啊，谢谢大家……！

C：希望我们的公司……！

课文 3

（1）让学生听两遍录音并回答下列问题：

　　　他们在等谁？

　　　现在几点了？

　　　他们已经等了多长时间了？

　　　妹妹来了没有？

（2）教师带领学生齐读课文两遍，然后请学生分角色朗读课文。

（3）教师用 PPT 展示课文提示词，请学生再次通读一遍课文后，根据提示词复述课文。

　　　A：你妹妹……？　都……了！

　　　B：我们……吧。

　　　A：都等她……了！

　　　B：她来了，我听见……了。

课文 4

（1）让学生听两遍录音并回答下列问题：

　　　天气怎么样？

　　　男的怎么回家？

　　　男的和女的一起回家吗？

（2）教师带领学生齐读课文两遍，然后请学生分角色朗读课文。

（3）教师用 PPT 展示课文提示词，学生可以自己设计情景，分角色表演课文。

　　　A：天阴了，我要……了。

　　　B：好的。快要……了，你路上……。

　　　A：没关系，我……。

　　　B：好的，再见。

5 语音

用"吧"和"吗"构成的疑问句的句调：

① 知识点解析

　　　用"吧"构成的疑问句含有提问人对某件事情的估计，有推测的意味，因此句调一般为降调；用"吗"构成的疑问句通常是一般询问，因此句调一般为升调。

　　我们一起去吃饭吧？↘　　　我们一起去吃饭吗？↗

　　明天有汉语考试吧？↘　　　明天有汉语考试吗？↗

　　妈妈已经到家了吧？↘　　　妈妈已经到家了吗？↗

② 语音练习

　　　教师可利用课本第 118 页的例句进行练习。教师可先领读句子，使学生掌握用"吧"和"吗"构成的疑问句的句调特点，然后让学生个别读，教师纠正错误。

练习册相关练习：第 140 页 / 三

6 汉字

① 知识点解析：

　　偏旁

　　　　屾：山字旁，由它构成的汉字一般与山的名称、种类、形状及岛屿有关系。

　　　　大：大字旁，由它构成的汉字一般与人有关系。

② 汉字练习：

- 教师板书本课偏旁"屾、大"，提示学生注意这两个偏旁的笔画和笔顺，并书写各自的代表汉字，帮助学生识记该偏旁的意义。

- 补充练习

　a. 找出下列含有山字旁和大字旁的汉字

　　　天　　岩　　夺　　夸

　　　崎　　类　　岳　　岗

　b. 拆分下列汉字

　　　新：_____ _____　　　票：_____ _____

　　　家：_____ _____　　　站：_____ _____

　c. 用下列偏旁和部件组合成新汉字

　　　亲　　月　　西　　斤　　立　　占　　示　　阝

　　　_____ _____ _____ _____

　　练习册相关练习：第 141 页 / 四

7 补充课堂活动——一起过新年

　　　请学生自由组成小组，根据自己国家过新年的风俗和传统，设计过新年的场景，模仿课文 2 并参考下面的提示进行角色扮演。

> 人物：同学、朋友或者家人
>
> 地点：家里 / 房间里 / 宿舍里
>
> 东西：水果、蛋糕、菜……
>
> 场景：1. 邀请朋友来你的宿舍一起过新年。
>
> 　　　2. 很久没回家了，今年回家和家人一起过新年。
>
> 　　　3. 请朋友去你家，和你的家人一起过新年。

8 本课小结

- 语言点：动作的状态"要……了"

　　　　　　　　　"都……了"

- 语　音：用"吧"和"吗"构成的疑问句的句调

- 汉　字：偏旁"屾、大"

附注：建议教学用具

1. 生词卡片：第 14、15 课生词卡片

2. 图片：学生去上课、准备睡觉的图片等

文化：中国的"新年"——春节

1 文化点解析

① 农历的一月一号是中国的春节，它是中国最重要的传统节日。
② 春节是亲人团聚的日子，家人们一起贴对联、放鞭炮、吃饺子，高兴地过年。
③ 小孩子最喜欢过春节，因为可以得到压岁钱。
④ 不同的地区，会有不同的庆祝活动。

2 文化点参考处理方式

• 教师可以给出对联、饺子、庙会、鞭炮等图片，请学生们说出它们的名字。
• 请学生们说说自己国家是如何过新年的，和中国过春节有哪些不同。

练习册听力文本及参考答案

第1课　九月去北京旅游最好

一、听力

第一部分

第1-5题：听句子，判断对错

例如：我们家有三个人。

　　　　我每天坐公共汽车去上班。

1. 下午他要踢足球。
2. 妈妈买了几件新衣服。
3. 她的眼睛很漂亮。
4. 我们去买一个新的桌子吧。
5. 王小姐最喜欢运动。

第二部分

第6-10题：听对话，选择与对话内容一致的图片

例如：男：你喜欢什么运动？

　　　　女：我最喜欢踢足球。

6. 男：你想喝点儿什么？
　　女：我想喝茶。

7. 男：我们下午一起去运动吧。
　　女：好啊，我最喜欢跑步了。

8. 女：你几点能回来？
　　男：七点多，不会太晚。

9. 女：你的猫多大了？
　　男：一岁多。

10. 女：什么时候去北京旅游最好？
　　　男：九月和十月北京天气最好，你九月去吧。

第三部分

第11-15题：听对话，选择正确答案

例如：男：小王，这里有几个杯子，哪个是你的？

女：左边那个红色的是我的。

问：小王的杯子是什么颜色的？

11. 女：你觉得什么时候去北京旅游最好？

男：我觉得九月去最好。

问：几月去北京旅游最好？

12. 女：你喜欢上海吗？

男：上海冬天太冷了，我不喜欢。

问：男的为什么不喜欢上海？

13. 女：我要去商店，你去吗？

男：我也去，我要买几个新椅子。

问：男的要买什么？

14. 女：王医生的女儿今年多大了？

男：十四岁了。

问：王医生的女儿今年多大了？

15. 女：我觉得这个杯子很漂亮。

男：你也很喜欢？这是我在北京买的。

问：女的觉得什么很漂亮？

三、语音

第1题：听录音，选择听到的词语

（1）shíjiān（时间）　　（2）Běijīng（北京）　　（3）luóbo（萝卜）

（4）gùshi（故事）　　（5）lǎohǔ（老虎）　　（6）xuésheng（学生）

（7）shítou（石头）　　（8）chǎndì（产地）

参考答案

一、听力

1-5：√　×　√　×　√

6-10：B F C A E

11-15：C B B C A

二、阅读

16-20：E A C F B

21-25：B A D F C

26-30：×　√　×　√　×

31-35：A D B C F

三、语音

1.（1）shíjiān　（2）Běijīng

（3）luóbo　（4）gùshi

（5）lǎohǔ　（6）xuésheng

（7）shítou　（8）chǎndì

四、汉字

1. C D F H

2. A B E G

3. A C F B D E

第 2 课　我每天六点起床

一、听力

第一部分

第 1–5 题：听句子，判断对错

1. 医生说要住一个月，现在不能出院。
2. 我爸爸每天早上都要运动。
3. 张先生已经给大卫打电话了。
4. 他最近太累了，已经生病了。
5. 她每天十二点睡觉，早上九点起床。

第二部分

第 6–10 题：听对话，选择与对话内容一致的图片

6. 男：你爸爸每天运动吗？
   女：对，他每天早上出去跑步。

7. 男：你怎么了？
   女：身体不好，已经两天了。

8. 男：明天下午你有时间吗？我们去看电影吧。
   女：对不起，我要看书，没有时间。

9. 女：你的小女儿多高？
   男：一米多一点儿吧。

10. 女：医生，我明天能出院吗？
    男：能，回家每天吃这个药。

第三部分

第 11–15 题：听对话，选择正确答案

11. 女：你什么时候能出院？
    男：医生说要再住三天看一看。
    问：男的明天能出院吗？

12. 女：你每天早上几点起床？
　　男：七点多，星期六和星期天十点多起床。
　　问：男的星期六几点起床？

13. 女：你一个人做饭累不累？
　　女：不累，我很喜欢做饭。
　　问：女的觉得做饭累不累？

14. 女：你女儿今年多大了？
　　男：今年 23 岁，已经工作了。
　　问：男的的女儿现在工作了吗？

15. 女：我这几天身体不好，吃了很多药。
　　男：我和你一起去医院看看吧。
　　问：女的怎么了？

三、语音

第 1 题：听录音，选择听到的词语
（1）huǒchēzhàn（火车站）　　（2）dàxuéshēng（大学生）
（3）fāngbiànmiàn（方便面）　　（4）diànyǐngyuàn（电影院）
（5）nǚpéngyou（女朋友）　　（6）yǒu yìsi（有意思）
（7）máng zhe ne（忙着呢）　　（8）rénjia de（人家的）

参考答案

一、听力
　1–5：√ × √ √ √
　6–10：F E C A B
　11–15：B C A A B

二、阅读
　16–20：F C B E A
　21–25：B C A F D
　26–30：√ × √ × √
　31–35：D C A B F

三、语音
　1.（1）huǒchēzhàn　（2）dàxuéshēng
　　（3）fāngbiànmiàn　（4）diànyǐngyuàn
　　（5）nǚpéngyou　（6）yǒu yìsi
　　（7）máng zhe ne　（8）rénjia de

四、汉字
　1. A B E H
　2. C D F G
　3. D B C A

第 3 课　左边那个红色的是我的

一、听力

第一部分

第 1-5 题：听句子，判断对错

1. 这块手表不是她的，是她丈夫的。
2. 他每天早上都要喝茶、看报纸。
3. 你女儿的房间真漂亮，颜色也好看。
4. 送牛奶的来了，你去开门吧。
5. 旁边那个大点儿的杯子是我的。

第二部分

第 6-10 题：听对话，选择与对话内容一致的图片

6. 男：今天早上送牛奶的来了吗？
　　女：我不知道，你看看外边有没有牛奶。

7. 女：今天的报纸在哪儿？
　　男：在电脑旁边。

8. 女：这个房间真漂亮！
　　男：这是我女儿的房间，旁边的是我儿子的。

9. 女：你喜欢哪件衣服？
　　男：我喜欢白色的。

10. 女：哪本书是你的？
　　男：这几本书都是我的。

第三部分

第 11-15 题：听对话，选择正确答案

11. 女：你最喜欢哪块手表？
　　男：我最喜欢左边的。
　　问：男的最喜欢哪块手表？

12.女：今天的报纸在桌子上，你看吧。

男：好，我知道了。

问：桌子上的报纸是哪天的？

13.女：你听，送牛奶的来了，你去看一下。

男：不是送牛奶的，是送报纸的。

问：谁来了？

14.男：丽丽，这个房间真大，这是谁的房间？

女：这是我爸爸妈妈的房间。

问：这是谁的房间？

15.女：哪个杯子是你的？

男：都不是我的，给我一个新的吧。

问：哪个杯子是男的的？

三、语音

第 1 题：听录音，注意每个词中重音的位置

（1）diànzǐ yóujiàn（电子邮件）　　　　（2）bàntú'érfèi（半途而废）

（3）bódà jīngshēn（博大精深）　　　　（4）jiéjìn quánlì（竭尽全力）

（5）huàshé tiānzú（画蛇添足）　　　　（6）bǎojīng cāngsāng（饱经沧桑）

（7）bámiáo zhùzhǎng（拔苗助长）　　　　（8）kǎnkǎn ér tán（侃侃而谈）

参考答案

一、听力

1–5：√　√　√　×　√

6–10：F　A　E　B　C

11–15：A　B　C　A　B

二、阅读

16–20：E　A　F　C　B

21–25：B　C　A　F　D

26–30：√　√　×　√　×

31–35：D　A　F　B　C

四、汉字

1.B　C　D　H

2.A　E　F　G

3.B　C　D　A

第 4 课　这个工作是他帮我介绍的

一、听力

第一部分

第 1–5 题：听句子，判断对错

1. 妈妈知道电话是谁打的。
2. 看，这是我在和小王一起跑步。
3. 今天的晚饭是我和丈夫一起做的。
4. 今天报纸是王小姐买的。
5. 我非常喜欢这个工作，已经工作两年了。

第二部分

第 6–10 题：听对话，选择与对话内容一致的图片

6. 男：你喜欢吃中国菜吗？
   女：我非常喜欢吃，我也会做。

7. 男：这个是谁买的？
   女：这个是安娜买的，今天是大卫的生日。

8. 女：李先生出院多长时间了？
   女：我不知道，你问一下张医生吧。

9. 女：你怎么认识芳芳的？
   男：是小明帮我介绍的。

10. 男：女儿，你去接一下电话。
    女：对不起，爸爸，我没时间接电话，我在做饭呢。

第三部分

第 11–15 题：听对话，选择正确答案

11. 女：小王，今天是张老师的生日。
    男：我知道。这本书是我买的，要送给张老师。
    问：这本书是送给谁的？

12. 女：大卫，上午有你的一个电话。
    男：我知道，是李先生打的。
    问：上午的电话是谁打的？

13. 女：你的汉语真好！你是什么时候开始学汉语的？
    男：两年前开始的，我来中国已经一年多了。
    问：男的是什么时候开始学汉语的？

14. 女：你喜欢现在的工作吗？
    男：非常喜欢，我已经做了三年多了。
    问：他喜欢现在的工作吗？

15. 女：你什么时候认识谢先生的？
    男：我们十年前认识的，他是我的大学同学。
    问：男的和谢先生认识多长时间了？

参考答案

一、听力
　　1–5：√ × √ × √
　　6–10：C F E A B
　　11–15：A B C B A
二、阅读
　　16–20：E C A F B
　　21–25：B C D F A

26–30：√ √ × √ √
31–35：B C F A D

四、汉字
1. B D F H
2. A C E G
3. D B A C

第 5 课　就买这件吧

一、听力

第一部分

第 1-5 题：听句子，判断对错

1. 我今天有点儿累，去外面吃晚饭吧。
2. 他们都在准备下午的考试呢。
3. 医生说喝茶对身体很好。
4. 我准备了你爱吃的鱼。
5. 这件衣服还不错，你喜欢就买吧。

第二部分

第 6-10 题：听对话，选择与对话内容一致的图片

6. 男：今天晚上你想吃什么？
   女：我们在家吃吧，就做你爱吃的。

7. 男：你想不想去看电影？
   女：我有点儿累，在家看电视吧。

8. 男：你和小明在做什么呢？
   女：我们在准备明天的考试呢。

9. 女：医生说每天喝咖啡对身体不好。
   男：以后我不喝咖啡了，喝茶。

10. 女：你看看，这件衣服怎么样？
    男：我觉得有点儿大，那件还不错。

第三部分

第 11-15 题：听对话，选择正确答案

11. 女：外面有点儿冷！
    男：是啊，我们就在咖啡馆看书吧。
    问：他们在哪儿看书？

12. 男：我去准备晚饭。你们爱吃什么？
    女：我丈夫和我都爱吃鱼。
    问：她丈夫最爱吃什么？

13. 女：这个椅子怎么样？
    男：我儿子不到一米，这个有点儿高。
    问：男的为什么不买这个椅子？

14. 女：你昨天的考试怎么样？
    男：听和说还不错。
    问：男的昨天的考试怎么样？

15. 女：吃苹果对身体好，但是也不能吃太多。
    男：我以后少吃一点儿，每天吃一个。
    问：男的以前每天吃几个苹果？

参考答案

一、听力
　　1–5：√　√　×　×　√
　　6–10：B　A　C　F　E
　　11–15：B　A　B　C　C
二、阅读
　　16–20：E　F　B　A　C
　　21–25：B　F　A　D　C

　　26–30：×　√　√　√　×
　　31–35：B　A　D　F　C
四、汉字
　　1. C　E　F　H
　　2. A　B　D　G
　　3. C　D　B　A

第 6 课　你怎么不吃了

一、听力

第一部分

第 1-5 题：听句子，判断对错

1. 这个星期天天吃羊肉。
2. 我每天吃很多面条。
3. 这是我房间的门。
4. 他们经常踢足球。
5. 我天天去游泳。

第二部分

第 6-10 题：听对话，选择与对话内容一致的图片

6. 男：小王来了吗？
　　女：我在门外看见他的自行车了。

7. 男：你还想吃什么？
　　女：来点儿米饭吧。

8. 女：昨天你们怎么没去打篮球？
　　男：因为下雨，我们都没去。

9. 女：你经常游泳吗？
　　男：这个月我天天游泳。

10. 女：这两天怎么没看见小张？
　　男：听说他坐飞机去旅游了。

第三部分

第 11-15 题：听对话，选择正确答案

11. 女：你看见小卫了吗？他的车在门外呢。
　　男：我没看见。
　　问：谁看见小卫了？

12. 女：你多吃一点儿羊肉吧。
　　男：这个星期天天吃羊肉，我不想吃了，你吃吧。
　　问：男的为什么不想吃羊肉？

13. 女：昨天你们怎么没去踢足球？
　　男：因为昨天天气不太好，所以我们都没去。
　　问：他们为什么没去踢足球？

14. 女：你每天都运动吗？
　　男：这个月我天天游泳，现在七十公斤了。
　　问：男的以前可能多少公斤？

15. 女：这几天怎么没看见小张？
　　男：听小王说小张去北京看他姐姐了。
　　问：谁去北京了？

参考答案

一、听力
　　1–5：√　×　√　×　√
　　6–10：F　A　E　B　C
　　11–15：C　C　A　A　B
二、阅读
　　16–20：B　E　F　C　A
　　21–25：C　A　D　B　F

26–30：×　√　√　√　×
31–35：C　F　B　D　A
四、汉字
　　1. B　C　E　G
　　2. A　D　F　H
　　3. B　A　C　D

第 7 课　你家离公司远吗

一、听力

第一部分

第 1–5 题：听句子，判断对错

1. 这是我们的新教室。
2. 我正在去机场的路上呢。
3. 我每天早上六点就去跑步了。
4. 我家离公司很远，所以要坐公共汽车去公司。
5. 大夫正给他看病呢。

第二部分

第 6–10 题：听对话，选择与对话内容一致的图片

6. 男：大卫回来了吗？
   女：没有，他还在教室学习呢。

7. 男：你家离学校远吗？
   女：很远，坐公共汽车要一个多小时呢。

8. 男：今天晚上一起吃饭吧。给你过生日。
   女：好吧，七点半怎么样？

9. 女：在床上看书对眼睛不好。
   男：知道了，再看一会儿就睡觉。

10. 女：快起床吧。八点了。
    男：没关系，我再休息十分钟。

第三部分

第 11–15 题：听对话，选择正确答案

11. 男：大卫睡觉了吗？
    女：他还没睡觉呢，他明天有考试。
    问：大卫在做什么？

12. 男：你到机场了没有？

女：我现在在去机场的路上呢，二十分钟后就到。

问：女的想去哪儿？

13. 男：你家离公司远吗？

女：我家离公司很远，我每天坐公共汽车去，要一个多小时呢。

问：女的每天怎么去公司？

14. 男：今天是你的生日吧？

女：今天是二月七号，离我的生日还有一个星期呢。

问：女的的生日是几号？

15. 男：中午我们一起吃饭吧。

女：好。我家前面有一个饭馆，走几分钟就到了。

问：女的家离饭馆远吗？

参考答案

一、听力

1-5：× × √ × √

6-10：C A E B F

11-15：C B A C A

二、阅读

16-20：F C A B E

21-25：A C F B D

26-30：√ × √ × ×

31-35：A F B D C

四、汉字

1. B E F H

2. A C D G

3. A C D B

第 8 课　让我想想再告诉你

一、听力

第一部分

第 1-5 题：听句子，判断对错

1. 我喜欢黑色的。
2. 这个商店的衣服很多。
3. 公司的大门每天早上六点开。
4. 小张昨天告诉我一件事。
5. 你的衣服太长了，不好看。

第二部分

第 6-10 题：听对话，选择与对话内容一致的图片

6. 女：中午我们一起吃饭吧。
   男：我现在很忙，你五分钟后再给我打电话，好吗？

7. 女：这件衣服太贵了。
   男：那你再看看那件红的吧。

8. 男：大卫病了，我想去医院看看他。
   女：我跟你一起去吧。

9. 女：房间的门打不开了。
   男：我叫人去看看。

10. 女：这是王小姐的报纸，你能帮我给她吗？
    男：好的。

第三部分

第 11-15 题：听对话，选择正确答案

11. 男：你看见我的手机了吗？
    女：让我想想，你看是不是在床上？
    问：男的在找什么？

12. 男：你给我打电话了？有什么事情吗？
　　女：我想问问你晚上去不去看电影。
　　问：女的为什么给男的打电话？

13. 女：外面天气很好，我们出去运动运动吧。
　　男：好，打篮球怎么样？
　　问：男的想做什么？

14. 男：你好，我房间的门打不开了。
　　女：好的，先生。我叫人去看看。
　　问：女的可能是做什么工作的？

15. 男：我想给妈妈买件衣服，你看这两件怎么样？
　　女：这件白的有点儿长，那件黑的有点儿贵。
　　问：女的觉得哪件衣服不错？

参考答案

一、听力
　　1–5：√　√　√　√　×
　　6–10：A　E　F　B　C
　　11–15：A　B　C　C　A
二、阅读
　　16–20：E　A　F　C　B
　　21–25：F　A　B　C　D

26–30：×　√　√　×　×
31–35：D　F　A　B　C
四、汉字
1. A　C　E　H
2. B　D　F　G
3. D　C　A　B

第 9 课　题太多，我没做完

一、听力

第一部分

第 1-5 题：听句子，判断对错

1. 我第一次跳舞是在七岁的时候。
2. 这是她的第一个工作，她非常喜欢。
3. 今天的汉语课我都听懂了。
4. 你看，衣服都洗完了。
5. 考试的题太多了，我没有做完。

第二部分

第 6-10 题：听对话，选择与对话内容一致的图片

6. 男：你从几岁开始学跳舞？
   女：我第一次跳舞是在七岁的时候。

7. 女：今天的考试怎么样？
   男：不太好，有几个题没有做完。

8. 男：你看见我的手机了吗？
   女：就在桌子上面，你看见了没有？

9. 女：这么多的衣服，你一个人能洗完吗？
   男：你现在有时间吗？帮我一起洗吧。

10. 女：这是我第一次去大医院，医院里人真多啊。
    男：是啊。

第三部分

第 11-15 题：听对话，选择正确答案

11. 男：您好，请问张欢在吗？
    女：对不起，我们这儿没有张欢，你打错电话了。
    问：男的为什么要打电话？

12. 男：买到电影票了没有？今天晚上的。
    女：买到了，是明天的。今天的都卖完了。
    问：他们什么时候去看电影？

13. 女：你真的认识去医院的路？是不是走错了？
    男：没错，就在那个公司的前面，学校的后面。
    问：他们想去哪儿？

14. 男：看见了没有？报纸就在电视的左边。
    女：等一下，你这儿的东西太多了。
    问：女的看见报纸了没有？

15. 男：昨天的考试怎么样？都做完了没有？
    女：题太多，我没做完。
    问：她昨天的考试怎么样？

参考答案

一、听力
    1–5：√ × √ √ ×
    6–10：B C A E F
    11–15：B C A A C

二、阅读
    16–20：E A F B C
    21–25：B A F D C

    26–30：× √ × × ×
    31–35：C D A F B

四、汉字
    1. A D F H
    2. B C E G
    3. A B D C

第 10 课　别找了，手机在桌子上呢

一、听力

第一部分

第 1–5 题：听句子，判断对错

1. 看电影对学习汉语有帮助。
2. 妈妈，别走了，我们休息休息吧。
3. 妈妈正在准备午饭呢。
4. 张老师的手机在桌子上呢。
5. 你的衣服我帮你洗了。

第二部分

第 6–10 题：听对话，选择与对话内容一致的图片

6. 男：别看电视了，长时间看电视对眼睛不好。
　　女：好的，我去睡觉了。

7. 女：明天的课你都准备好了没有？
　　男：还没有呢，正在准备。

8. 男：医生，这个药怎么吃？
　　女：饭后吃，吃药以后两个小时不要喝茶。

9. 男：你怎么买了这么多东西？
　　女：今天有朋友来我家吃饭。

10. 女：你看见我那件红色的衣服了吗？
　　男：我帮你洗了，在外面呢。

第三部分

第 11–15 题：听对话，选择正确答案

11. 女：大卫，不要看电视了，去睡觉吧。
　　男：看电视对学习汉语有帮助，我再看一会儿。
　　问：大卫为什么要看电视？

12.男：我想喝茶。

女：医生说吃药后一个小时不要喝茶。

问：男的为什么不能喝茶？

13.女：你看见我的手机了吗？我昨天晚上放在桌子上了。

男：桌子上没有，你看看床上吧。

问：女的的手机在哪儿？

14.男：过来喝杯水，休息一下吧。

女：我不累。

问：女的是什么意思？

15.男：你别忙了，我不在这儿吃饭。

女：菜很快就好了，吃了再走吧。

问：女的是什么意思？

参考答案

一、听力

1–5：√ √ × × √

6–10：E C A B F

11–15：B C A B C

二、阅读

16–20：C E A B F

21–25：C A D F B

26–30：× × √ √ √

31–35：C A F B D

四、汉字

1.B D E G

2.A C F H

3.C D A B

第 11 课　他比我大三岁

一、听力

第一部分

第 1–5 题：听句子，判断对错

1. 昨天我和朋友们一起去唱歌了。
2. 右边看报纸的那个女孩子是我姐姐。
3. 他是新来的汉语老师。
4. 北京 10℃，我们那儿的天气比北京的冷。
5. 她生病了，明天可能不去上课了。

第二部分

第 6–10 题：听对话，选择与对话内容一致的图片

6. 女：昨天和你一起唱歌的人是谁？
   男：是我女朋友。

7. 女：右边看报纸的那个是你哥哥吗？
   男：对，他是我哥哥。

8. 男：她是你们新来的老师吗？
   女：她不是新来的老师，她去年就来了。

9. 女：今天的苹果比昨天的便宜一些，你来点儿吗？
   男：我再看看吧。

10. 女：前边说话的那几个人是谁？
    男：不认识，可能是新来的学生吧。

第三部分

第 11–15 题：听对话，选择正确答案

11. 男：昨天和你一起唱歌的人是谁？
    女：是一个朋友，我同学介绍的，昨天第一次见。
    问：昨天和女的一起唱歌的人是谁？

12. 男：你哥哥多大？
　　女：他 25 岁，比我大三岁。
　　问：女的多大了？

13. 女：西瓜三块钱一斤，苹果一块五一斤。
　　男：苹果比西瓜便宜多了，我还是买苹果吧。
　　问：男的为什么买苹果？

14. 男：你的生日是四月二十八号？
　　女：是。你的生日是哪天？
　　男：我也是那天的生日。我是八七年的，你呢？
　　女：那我比你大一岁。
　　问：他们两个人谁大？

15. 男：你的眼睛怎么红了？
　　女：是吗？可能是没休息好。
　　男：那今天晚上早点儿睡觉吧。
　　女：好的，谢谢，
　　问：女的怎么了？

参考答案

一、听力
　　1–5：× √ √ × √
　　6–10：C A F B E
　　11–15：C B A B C
二、阅读
　　16–20：E B A F C
　　21–25：F A C D B

26–30：√ × × √ √
31–35：C B D F A
四、汉字
　　1. B E G H
　　2. A C D F
　　3. B D A C

第 12 课　你穿得太少了

一、听力

第一部分

第 1–6 题：听句子，判断对错

1. 你今天起得真早。
2. 再来点儿米饭吧，你吃得太少了。
3. 下雪了，今天真冷。
4. 我觉得很热，今天穿得太多了。
5. 这件衣服比弟弟送给我的那件漂亮。

第二部分

第 6–10 题：听对话，选择与对话内容一致的图片

6. 男：我今天早上七点就起床了。
   女：你比我早起一个小时呢。

7. 女：你做饭做得怎么样？
   男：不怎么样，我妻子比我做得好。

8. 男：今天天气真冷啊！
   女：是啊，我觉得晚上可能下雪。

9. 女：大卫很喜欢跑步。
   男：是啊，他跑得非常快。

10. 男：你今天穿得真漂亮。
    女：谢谢，今天是我的生日。

第三部分

第 11–15 题：听对话，选择正确答案

11. 男：你每天几点睡觉？
    女：我每天十点就睡觉了，早睡早起身体好。
    问：女的为什么睡得很早？

12. 男：明天天气怎么样？

女：零下十度，比今天冷多了。你要多穿点儿衣服。

问：明天冷吗？

13. 女：你们家谁做饭做得好？

男：我做得还可以，我妻子做的比我好吃。

问：谁做饭做得最好？

14. 男：你这几天在忙什么呢？

女：我弟弟让我帮他找个房子，他家离公司有点儿远。

问：她弟弟为什么要找个房子？

15. 男：儿子这次考试考得怎么样？

女：还不错，比上次好一些。

问：儿子考得怎么样？

参考答案

一、听力

　　1–5：× × √ √ ×

　　6–10：F B A E C

　　11–15：C A B A C

二、阅读

　　16–20：E C A B F

　　21–25：C F B A D

　　26–30：× √ × √ √

　　31–35：C F D A B

四、汉字

　　1. A D F G

　　2. B C E H

　　3. C A D B

第 13 课　门开着呢

一、听力

第一部分

第 1–5 题：听句子，判断对错

1. 大卫开着车出去了。
2. 那个笑着说话的女孩儿是谁？
3. 那个手里拿着铅笔的人是我朋友。
4. 我的女朋友长着两个大眼睛，非常爱笑。
5. 这儿离新京宾馆不太远，到前面的路口再往右。

第二部分

第 6–10 题：听对话，选择与对话内容一致的图片

6. 男：那个非常爱笑的女孩儿是谁？
　　女：你不认识她吗？她叫笑笑，是王老师的女儿。

7. 女：请问，这儿离商店远吗？
　　男：不远，往前走，下一个路口就是。

8. 男：那个手里拿着铅笔的孩子是你妹妹吗？
　　女：不是，她是我同学的妹妹。

9. 女：椅子上坐着的那个人是谁？
　　男：是我爸爸。他有点儿累，正休息呢。

10. 男：现在八点十分了，你到机场了吗？
　　女：没有，我还在出租车上呢，很快就到。

第三部分

第 11–15 题：听对话，选择正确答案

11. 男：请问李先生在公司吗？
　　女：他开着车出去了，你下午再来吧。
　　问：李先生在哪儿？

12. 女：大卫是杨笑笑的男朋友吗？
    男：是杨笑笑的前男友。
    问：大卫现在是杨笑笑的男朋友吗？

13. 男：你的书太多了，我帮你拿着吧。
    女：不用了，我一个人就可以了。
    问：男的为什么要帮女的拿书？

14. 男：为什么你每天都穿着红色的衣服？
    女：因为别人都说我穿红色的衣服好看。
    问：女的为什么每天都穿着红色的衣服？

15. 男：那个笑着说话的女孩儿是谁？
    女：哪个？是穿红衣服的那个吗？
    男：对，就是她。
    女：她是新来的学生，我也不认识。
    问：谁认识那个女孩儿？

参考答案

一、听力
    1–5：√ × × √ √
    6–10：F E A B C
    11–15：C B B C C

二、阅读
    16–20：F C A B E
    21–25：B A D C F

    26–30：× √ √ × √
    31–35：F A B C D

四、汉字
    1. A C E G
    2. B D F H
    3. C B A D

第 14 课　你看过这个电影吗

一、听力

第一部分

第 1-5 题：听句子，判断对错

1. 下个星期我要和女朋友去看一次电影。
2. 虽然工作很忙，但是我每天都游泳。
3. 你自己去跑步吧，我还有事情要做呢。
4. 这本书我看过很多次了，真的很有意思。
5. 长时间玩电脑对眼睛不好，但是儿子非常喜欢。

第二部分

第 6-10 题：听对话，选择与对话内容一致的图片

6. 女：爸爸，您看过这个电影吗？我同学说很有意思。
   男：没看过，下星期我们一起去看吧。

7. 女：虽然是晴天，但是天气很冷。
   男：没关系，我还要和同学们一起打篮球呢。

8. 男：一起吃早饭吧。
   女：我已经吃过了，你自己吃吧。

9. 男：这次考试怎么样？
   女：别说了，很多学过的汉字我都不会写了。

10. 男：别买衣服了，我没有那么多钱。
    女：没关系，我这儿有钱。

第三部分

第 11-15 题：听对话，选择正确答案

11. 男：您是第一次来我们这儿吗？
    女：不是，去年九月我来过一次。
    问：女的来过这里几次？

12. 男：你在这个商店买过东西没有？
　　女：买过一次，这儿的东西还可以，就是不便宜。
　　问：女的是什么意思？

13. 女：明天一起去跑步吧。
　　男：你自己去吧，我还有很多工作要做呢。
　　问：男的为什么不去跑步？

14. 男：今天的报纸你看过了没有？
　　女：没有，我在看昨天的报纸呢。
　　问：女的看的是哪天的报纸？

15. 女：这件衣服不错，就是有点儿贵。
　　男：两百多块还可以，喜欢就买吧。
　　问：男的想让女的买这件衣服吗？

参考答案

一、听力
　　1–5：× √ × √ √
　　6–10：E F A B C
　　11–15：B C A C B
二、阅读
　　16–20：C E A F B
　　21–25：C F A B D

26–30：× × × × √
31–35：D A C F B
四、汉字
　　1. A C F G
　　2. B D E H
　　3. B C A D

第 15 课　新年就要到了

一、听力

第一部分

第 1-5 题：听句子，判断对错

1. 明天我要去火车站买票。
2. 新年快要到了，我想和朋友一起去旅游。
3. 她在公共汽车上呢，我们等她一会儿吧。
4. 今天天气不太好，有点儿阴。
5. 王方是我妹妹，她的歌唱得非常好。

第二部分

第 6-10 题：听对话，选择与对话内容一致的图片

6. 女：你好！我的车出问题了，你们能来帮我看一下吗？
   男：好的，请告诉我您在哪儿。

7. 男：都六点了，你怎么还不回家？
   女：我在想晚饭吃什么呢。

8. 男：这是你妹妹让我买的火车票，你能帮我给她吗？
   女：没问题，我一会儿就给她。

9. 女：快要下课了，还有哪位同学有问题？
   男：老师，我想问一个问题。

10. 男：你的狗怎么不吃东西了？
    女：它这几天病了。

第三部分

第 11-15 题：听对话，选择正确答案

11. 男：新年快要到了，你准备做什么？
    女：我听说北京很不错，我想和妈妈一起去北京旅游。
    问：女的去过北京吗？

12. 男：你不是想回家过新年吗？买票了没有？
　　女：还没有呢，明天我就去火车站买。
　　问：女的想买什么票？

13. 女：都等了半个小时了，公共汽车怎么还没来？
　　男：上班时间路上车多，再等一会儿吧，就快来了。
　　问：公共汽车来了没有？

14. 男：快要下雪了，我觉得比昨天更冷了。
　　女：没关系，我穿的衣服比昨天多。
　　问：今天天气怎么样？

15. 女：儿子，多吃菜啊。
　　男：好，您做的菜比饭店的还好吃。
　　问：他们最可能在哪儿说话？

参考答案

一、听力
　　1–5：× √ × × √
　　6–10：C A E F B
　　11–15：B C B A C
二、阅读
　　16–20：B C E A F
　　21–25：F B C D A

26–30：√ √ × × √
31–35：D F C A B
四、汉字
1. A C E F
2. B D G H
3. B C A D

HSK（二级）模拟试卷

（音乐，30秒，渐弱）

大家好！欢迎参加 HSK（二级）考试。
大家好！欢迎参加 HSK（二级）考试。
大家好！欢迎参加 HSK（二级）考试。

HSK（二级）听力考试分四部分，共 35 题。
请大家注意，听力考试现在开始。

第一部分

一共 10 个题，每题听两次。

例如：我们家有三个人。
　　　我每天坐公共汽车去上班。

现在开始第 1 题：
　1. 我每天早上喝一杯咖啡。
　2. 这些菜都是妈妈做的。
　3. 医生说游泳对身体很好。
　4. 马丁正在上班呢。
　5. 姐姐送给我一块手表。
　6. 哥哥比弟弟高一点儿。
　7. 今天虽然是晴天，但是有点儿冷。
　8. 这个自行车是张小姐的。
　9. 已经十一点了，我要休息了。
10. 那个电影我看完了，非常有意思。

第二部分

一共 10 个题，每题听两次。

例如：男：你喜欢什么运动？
　　　女：我最喜欢踢足球。

现在开始第 11 到 15 题
11. 男：你每天晚上什么时候睡觉？
　　女：我每天十点睡觉。

12. 女：机场离公司远吗？
　　男：很远，坐车两个小时。

13. 男：昨天的考试考得好吗？
　　女：不太好，没做完。

14. 女：昨天你为什么没去打篮球？
　　男：昨天上课太累了。

15. 男：您知道新元旅馆怎么走吗？
　　男：往前走，到了路口往左走。

现在开始第 16 到 20 题
16. 男：我没看见你，你在哪儿？
　　女：我在咖啡馆外面，拿着一杯咖啡。

17. 男：你从几岁开始学习唱歌？
　　女：我六岁就开始学唱歌了。

18. 女：别看报纸了，快穿衣服吧！
　　男：我已经准备好了。

19. 女：你去过北京吗？
　　男：去过，我是去年十月去的。

20. 女：这个鸡蛋面真好吃！我想学学。
　　男：我让妻子告诉你怎么做。

第三部分

一共 10 个题，每题听两次。

例如：男：小王，这里有几个杯子，哪个是你的？
　　　女：左边那个红色的是我的。
　　　问：小王的杯子是什么颜色的？

现在开始第 21 题：
21. 女：时间不多了，你觉得怎么去学校最快？
　　男：坐出租车去最快。
　　问：他们最有可能怎么去学校？

22. 女：你什么时候可以出院？
　　男：今天医生说让我星期五出院。
　　问：男的什么时候可以出院？

23. 女：今天天有点儿阴，我不想出门。
　　男：好吧，明天再去吧。
　　问：男的是什么意思？

24. 男：这些羊肉是你买的吗？
　　女：不是我买的，是我丈夫买的。
　　问：这些羊肉是谁买的？

25. 女：你在找什么呢？
　　男：我的手机，你帮我找找吧。
　　问：男的让女的做什么？

26. 女：你看看，这个房子怎么样？
　　男：这个比那个大，也比那个便宜。
　　问：男的觉得这个房子怎么样？

27. 女：大家在等你呢，你什么时候到？
　　男：我在出租车上，十分钟就到。
　　问：男的可能什么时候到？

28. 女：你好！请问李老师在吗？
　　男：对不起，你打错了。
　　问：女的为什么没找到李老师？

29. 女：你最想去哪儿旅游？
　　男：我觉得北京还不错，我准备下个月去。
　　问：男的什么时候去北京？

30. 女：你跳舞跳得很好。
　　男：谢谢你，这是我第一次跳舞。
　　问：男的以前跳过舞吗？

第四部分

一共 5 个题，每题听两次。

例如：女：请在这儿写您的名字。
　　　男：是这儿吗？
　　　女：不是，是这儿。
　　　男：好，谢谢。
　　　问：男的要写什么？

现在开始第 31 题：

31. 男：今天下午没事，我们出去玩儿吧。
　　女：去哪儿玩儿？
　　男：你想去哪儿，我们就去哪儿。
　　女：我很累，想在家休息。
　　问：女的想做什么？

32. 男：昨天的考试你考得好吗？
　　女：说得有点儿快，我有很多没听懂。你呢？
　　男：时间太少了，我有三个题没写完。
　　女：我们去问问安妮吧，听说她考得不错。
　　问：男的考试考得怎么样？

33. 女：您好！您想吃点儿什么？
　　男：你给我介绍一下你们的菜吧。
　　女：这个鱼和这个鸡肉不错，很多人都爱吃。
　　男：行，来这两个。
　　问：男的想吃什么？

34. 男：16 号是我妻子的生日，我不知道送她什么。
　　女：送给她一件衣服吧。她喜欢什么颜色？
　　男：我觉得她可能喜欢黑色。
　　女：走，我们一起去商店看看。
　　问：他们要做什么？

35. 男：这个房间是你的吗？
　　女：不是，右边那个房间是我的，这是我妹妹的。
　　男：你爸爸妈妈住在哪儿？
　　女：他们的房间在旁边。
　　问：女的说到了几个房间？

参考答案

一、听力

1–5:　× 　√ 　√ 　× 　√
6–10:　√ 　× 　√ 　√ 　×
11–15: C　E　F　A　B
16–20: C　E　A　D　B
21–25: A　C　A　B　C
26–30: B　B　C　B　C
31–35: B　A　C　C　C

二、阅读

36–40: E　A　B　F　C
41–45: C　B　F　A　D
46–50:　× 　√ 　√ 　× 　×
51–55: A　F　C　D　B
56–60: C　D　E　A　B